서중석의 현대사 이야기 ⑱

서중석의 현대사 이야기

서중석 답하다
김덕련 묻고 정리하다

18

6월항쟁의 배경

개헌 투쟁과 전두환의 반격

오월의봄

일러두기

본문의 추가 보충 설명은 모두 김덕련이 정리했다.

책머리에

1

우리는 21세기에 들어와 극렬한 '역사 전쟁'을 겪고 있다. 역사 전쟁은 한국과 일본 사이에, 또 한국과 중국 사이에 벌어지는 것으로 알고 있는 사람들이 많겠지만, 오히려 한국 사회 내부에서 더 치열하다.

사실 최근에 와서야 비로소 역사 교육이 정상적인 길로 들어서는가 싶었다. 박정희 한 사람만을 위한 1인 유신 체제의 망령인 국정 역사 교과서가 21세기 들어 사라졌고, 가장 중요한데도 공백이나 다름없었던 근현대사 교육이 이루어지면서 한국사 교육이 조금씩 자리를 잡아가고 있었다. 이런 흐름을 따라 이제 극우 반공 체제나 권력의 손아귀에서 벗어나 역사 교육이 학문과 교육 본연의 자세로 조심스럽게 나아가는 듯싶었다.

우리 현대사에는 조금 잘될 듯하다가 물거품이 된 경우가 종종 있다. 역사 교육도 그렇다. 교육의 현장이 순식간에 전쟁터가 된 것이다.

2008년 이명박 정권이 들어서자마자 수구 세력은 오염된 현대사를 재교육하겠다고 나섰다. 과거 중앙정보부 간부, 수구 언론 논설위원 등이 포함된 강사들이 서울을 비롯해 전국 각지로 보내져 학생과 교육계, '사회 지도층'을 상대로 현대사 재교육에 나섰다. 강사라기보다 유세객遊說客이라는 표현이 맞겠지만, 이들 중 현대사 전공자라고 볼 만한 사람은 없었다. 현대사 전공자가 아니면 역사학자도 잘 모를 수밖에 없는 한국 현대사, 특히 해방 전후사를 수구 세력 이데올로기 대변자들한테 맡긴 것이다. 얼마나 다급했으면 그렇게 했을까 싶지만 해프닝이나 다름없었다.

거기까지는 그나마 양호했다. 그해 8월 15일은 공교롭게도 정부 수립 60주년이 되는 날이었는데, 특히 이날을 벼르고 벼르던 세력들이 광복절을 건국절로 명칭을 변경해 기념해야 한다고 나섰다. 일부는 뭐가 뭔지 모르고 가담했겠지만, 그것은 역사 교육의 목표, 국가 기강이나 민족정기를 한순간 뒤집어엎고 혼란에 빠트릴 수 있는 위험천만한 행동이었다. 친일파를 건국 공로자로 만들 수 있는 건국절 행사장에는 참석하지 않겠다고 독립 운동 단체가 단호히 선언하고, 독립 운동가들이 자신들이 받은 서훈을 반납하겠다고 강경히 주장해서 간신히 광복절 기념식을 치를 수 있었다.

가을이 되자 일선 역사 교사들에게 날벼락이 떨어졌다. 지금 쓰는 교과서를 바꾸라고 난리를 친 것이다. 모든 권력을 총동원해서 압력을 가해왔다. 그 전쟁터 한가운데에 서서 교사들은 어떤 사념에 잠겼을까. 역사 교사로서 올바르게 산다는 것이 무엇이라고 생각했을까. 그렇지 않으면 기구한 우리 현대사를 되돌아보았을까.

그로부터 5년 후 박근혜 정권이 등장하자 또다시 역사 전쟁이 벌어졌다. 이번에는 역사 교과서를 둘러싼 전쟁이었다. 2004~2005년부터 구체적인 본색을 드러내고 조직적으로 활동하며 수구 세력 내에서 역사 문제에 대해 강력한 발언권을 확보해온 뉴라이트 계열이 역사 교과서를 만든 것이다.

뉴라이트 계열 역사 교과서는 어이없이 참패했다. 일본 극우들이 2001년에 만든 후쇼샤 교과서보다 더한 참패였다. 일제 침략, 친일파와 독재를 옹호했다고 그 교과서를 맹렬히 비판하던 쪽도 전혀 상상치 못한 결과였다. 그 교과서가 등장하기 몇 달 전부터 수구 언론이 여러 차례 크게 보도해 분위기를 띄우고, 권력이 여러 방법으로 지원을 하는 등 나름대로 총력전을 폈으며, 수구 세력이 지배하는 학교 재단도 있었기 때문에 어느 정도는 채택될지도 모른다고 크게 우려했는데 결과는 딴판이었다.

2

왜 역사 전쟁에서 이승만을 띄우는가. 박정희의 경제 발전 공로는 진보 세력 일부도 인정하기 때문에 이제 이승만만 살리면 다 된다고 보기 때문일까. 그렇지 않다. 근현대 역사에서 너무나 중요한 '비결 아닌 비결'이 거기 내장되어 있기 때문이다.

우리에게는 '역사의 죄인'이 있다. 우리 역사에서 제일 큰 죄인은 누구일까. 우선 친일파, 분단 세력, 독재 협력 세력이 쉽게 떠오를 것이다. 이승만을 존경하는 사람들에는 여러 유형이 있다. 친일파, 분단 세력, 독재 협력 세력이 거기 포함된다. 이들은 이승만을 살리고 나아가 그를 '건국의 아버지' '국부'로 만들어놓을 수만 있으면 '역사의 죄인'에서 벗어날 수 있다고 믿는 것 같다. 나아가 이승만이 국부가 되면 권력이나 사회적 지위, 기득권을 계속 움켜쥘 수 있다고 확신하고 있는 것 같다.

역사 전쟁은 수구 세력이 일으키는 불장난이라는 생각이 들 때가 있다. 60~70년 전 역사를 가지고 지금 아무에게도 득이 되지 않는 소모적인 전쟁을 일으킬 필요가 없기 때문이다. 사실을 왜곡하는 일 없이, 개방 시대에 맞게 그 시대를 폭넓게 이해하도록 가르치면 되는 것이다. 문제는 친일파, 분단 세력, 독재 협력 세력은 그렇게 생각하지 않는다는 데 있다. 자연인으로서 친일파는 생명이 다했지만, 정치적·사회적 친일파는 여전히 강성하다. 그러니 자꾸 문제를 일으킨다. 어두운 과거를 떨치고 새 출발을 할 때 보수주의가 자리 잡을 수 있는데, 비판자들을 마구잡이로 '종북'으로 몰아세우고 대통령 선거에서 NLL로 황당무계한 공격을 하는 데서 알 수 있듯이, 그들은 과거를 떨치지 못하고 독재 권력이 행했던 과거의 수법에 의존하고 있다. 이렇듯 수구 세력이 정치적 생명을 연장하려고 하기 때문에 역사 전쟁이 지겹게도 반복되고 있는 것이다.

우리에게는 '역사의 힘'이 있다. 항일 독립 운동과 반독재 민주화 운동이 줄기차게 계속된 것도, 우리 제헌 헌법에 자유·평등의 독립 운동 정신이 담겨 있는 것도 역사의 힘이다. 우리 국민이 친일파, 분단, 독재를 있어선 안 되는 잘못된 것으로 보는 것도 역사의 힘이다. 막강한 힘의 지원을 받은 역사 교과서가 참패한 것도 그렇다. 2014년에 국무총리 후보가 역사의식 때문에 순식간에 추락한 것도 역사의 힘이 아니고서는 설명하기 어렵다. 그런데도 해방-광복 70주년이 되는 2015년에 들어서자마자 역사 교과서를 국정화하겠다는 소리가 들리고, 수구 언론은 과거처럼 '이승만 위인 만들기'에 노력하고 있다.

진보 세력은 역사의 죄인 혐의에서 자유로울까. 현대사 진실 찾기, 역사 바로 세우기를 방기한 것은 어떻게 설명할 수 있을까. 1980년대에 운동권은 극우 반공 세력의 역사관을 산산조각 냈다고 생각하기도 했지만, 그것은 자만이었다. 현대사 진실 찾기를 방기할 때, 그것은 또 하나의 이데올로기이자 도그마로 경직될 수 있었다. 진보 세력은 수구 세력이 뉴라이트의 도움을 받아 근현대사 쟁점에 나름대로 논리를 세워놨는데도 더 이상 자신을 채찍질하지 않았다.

1980년대에 그렇게 현대사에 열을 올리던 사람들 가운데 몇이나 해방과 광복, 광복절과 건국절의 차이를 설명할 수 있을까. 그들은 단정 운동에 대해서 어느 정도 지식을 가지고 있을까. 이승만이 대한민국을 건국한 국부가 아니고 제헌 국회에서 표결에 의해 선출된 초대 대통령에 지나지 않는다는 것은 또 얼마나 알고 있을까. 한마디로 이승만 건국론이 잘못된 주장이라는 것을 일반 사람들에게 구체적인 사실을 들어 조리 있게 설명해줄 수 있을까. 현대사의 이런저런 문제를 가지고 생각이 다른 사람들과 논전을 벌일 경우 상대방을 얼마나 설득할 수 있을까.

3

나는 역사 전쟁이 싫다. 특히 요즘은 이제 제발 그만두었으면 싶은 마음이 간절하다. 내가 현대사에 관심을 가진 것이 1960년대 중반부터이니, 반세기라는 긴 세월 동안 극우 세력의 억지 주장이나 견강부회와 맞닥뜨리며 살아온 셈이다. 하지만 어떡하겠나. 숙명이려니

하고 받아들이지 않을 수 없다.

2013년 6월 제자와 지인들 앞에서 퇴임사를 하면서 이런 이야기들을 전했고, 젊은이들이 발분하여 현대사를 공부해줄 것을 거듭 당부했다. 그리고 나서 얼마 후 프레시안 김덕련 기자에게서 현대사 주제들을 여러 차례에 걸쳐 인터뷰하고 싶다는 요청이 왔다. 그다지 부담이 없을 것 같아 응했다. 한국전쟁부터 시작했다.

김덕련 기자는 뉴라이트가 제기한 문제들을 포함해 여러 가지를 예리하게 추궁했다. 당연히 쟁점 중심으로 얘기가 진행됐다. 그런데 곧 출판 제의가 들어왔다. 출판을 한다면 좀 더 체계적으로 인터뷰를 이끌어가야 할 것 같았다. 그래서 이승만 건국 문제, 친일파 문제, 한국전쟁과 이승만 문제, 집단 학살 문제, 5·16쿠데타 평가, 3선 개헌과 유신 체제, 박정희와 경제 발전 문제, 부마항쟁과 10·26과 광주항쟁, 6월항쟁 등 중요 쟁점을 한층 더 깊이 파고들어가기로 했다.

욕심도 생겼다. 이승만에 대해서는 직간접적으로 다룬 여러 저작과 논문이 있지만, 박정희에 대해서는 두세 편의 논문과 일반적인 글이 있을 뿐이었다. 그렇지만 현대사에서 박정희는 18년이라는 커다란 몫을 가지고 있고, 1960~1970년대의 대부분이 포함된 그 18년은 정치적으로나 경제적으로나 대단히 중요한 시기였다. 그 중요한 시기 동안 박정희가 집권했으니, 그 시기를 통사로 한번 써야 하지 않겠느냐는 의무감 비슷한 것이 있었다. 그러던 차에 인터뷰가 책으로 나오게 된다니, 박정희 집권 18년의 전체 상을 박정희 중심으로 살펴보고 싶은 의욕이 생겼다.

해방 직후의 역사도 1980년대에 와서야 연구되었지만, 박정희 시기도 마찬가지였다. 그 당시 한국인의 대다수가 박정희의 창씨 명을 알지 못했고, 심지어 그가 남로당의 프락치였다는 사실조차 모르고 있었다. 적지 않은 사람들이 막 보급되던 TV 화면에 빠지지 않고 등장하는 박정희의 모습을 그의 참모습으로 알고 있었다. 더욱이 1990년대 중반, 특히 IMF사태 이후 박정희 신드롬이 일어나면서 그는 대단한 능력자로 신비화되기도 했다.

나는 박정희가 쿠데타를 일으켰던 그때부터 이미 박정희의 모습을 지켜보았다. 덧칠하지 않은 있는 그대로의 박정희를 볼 수 있었다. 그는 그렇게 특별한 능력이나 지식을 가진 사람이 아니었다. 다만 권력에 대한 집착이 생사를 초월하도록 강했고, 상황을 판단하는 총기가 있었으며, 콤플렉스도 있었고, 색욕이 과했다.

그런데 나는 박정희의 저작, 연설문집, 그에 관한 여러 연구와 글을 들여다보면서 의외로 일제 때의 군인 경험이 그의 일생에 지대한 영향을 미쳤음을 알게 되었다. 유신 체제, 민족적 민주주의-한국적 민주주의, 민족과 주체성 강조 등 '정치 이념'이 해방 이전의 세계관에서 먼 거리에 있지 않았다. 일제 때 군인 정신으로 민족, 주체를 강조하게 되었다는 것이 아주 이상하게 들릴지 모르겠지만, 거기에 박정희의 박정희다운 특성이 있고, 한국 현대사의 일그러진 자화상이 담겨 있다.

김덕련 기자와 인터뷰를 하게 된 것은 행운이다. 그는 대학 시절 국사학과에 재학 중일 때 내 현대사 강의를 들었다고 하는데, 현대사 지식이 풍부하고 문제의식이 날카로웠다. 중요 쟁점도 놓치지 않았고 미묘한 표현도 잘 처리했다. 거기다 금상첨화 격으로 꼼꼼하며 자상하기까지 하다. 김덕련 기자와 나는 이러한 작업에 잘 어울리는 좋은 팀이라고 생각한다. 출판에 대해 자신의 철학을 가지고 있고 공들여 편집하느라 애쓴 오월의봄 박재영 대표에게도 감사드린다.

서중석

차례

6월 항쟁의 배경

연표

1983년

8월 농협 조합장 직선제 실시 100만 인 서명 운동
9월 민주화운동청년연합(민청련) 결성
12월 가톨릭노동청년회 블랙리스트 철폐 투쟁

1984년

3월 한국노동자복지협의회 결성
청계피복노조 복구 준비위원회 조직
5월 대구 택시 노동자 파업
9월 북한, 남한에 수해 구호물자 전달
11월 택시 노동자 박종만 분신자살

1985년

2월 김대중, 미국에서 귀국
2·12총선에서 신민당 돌풍
3월 민주통일민중운동연합(민통련) 출범
4월 대우자동차 파업
5월 미국 문화원 점거 농성 사건
6월 구로 동맹 파업
7~8월 농민들, 전국 각지에서 소몰이 투쟁
9월 김근태 고문 사건 발생(12월 법정에서 폭로)
남북 고향 방문단 상호 방문(최초의 이산가족 공식 상봉)
11월 민정당 중앙정치연수원 점거 농성 사건

1986년

1월 KBS TV 시청료 거부 기독교 범국민운동본부 발족(4월 이후 각계 확산)

2월 신민당·민추협, 1,000만 인 개헌 서명 운동 돌입

3월 개헌 추진위원회 광주 지부 결성 대회 및 현판식

4월 반미 자주화 반파쇼 민주화 투쟁위원회(자민투) 발족

반제 반파쇼 민족 민주 투쟁위원회(민민투) 결성

서울대생 이재호·김세진 분신(2명 모두 5월에 사망)

전두환, 3당 대표와 회동하고 "개헌 용의 있다" 언명

5월 5·3 인천 사태

전두환 정권, 민주화 운동 세력 대대적으로 탄압

6월 부천경찰서 성고문 사건

8월 민정당, 내각 책임제 헌법 개정안 요강 발표

9월 월간《말》, 보도지침 폭로

서울에서 제10회 아시안게임

10월 유성환 국시 발언 사건

건국대 사태

전두환 정권, 금강산댐 관련 터무니없는 발표(금강산댐 사건)

전두환 정권, 평화의 댐 모금 착수

11월 김대중, 조건부 대선 불출마 선언('현 정권이 직선제 개헌 수락하면 대선 불출마')

김일성 사망 오보(조선일보) 소동

12월 '이민우 구상' 발표

6월항쟁의 배경

민의 돌풍 거셌던 2·12총선,
죽었던 정치의 부활 알리다

6월항쟁의 배경, 첫 번째 마당

죽었던 정치의 부활 알린
2·12총선

김 덕 련 1985년 2·12총선은 정국의 흐름을 바꾼 분수령이라는 평가를 받는다. 그 이유는 무엇인가.

서 중 석 동토의 선거가 전두환에게 유리할 것이라는 판단 아래 1985년 2월 12일 겨울철에 치러진 국회의원 선거는 사실상 전두환·신군부 집권 제2기로 들어가는 선거였다. 유신 체제가 제2기로 들어가는 총선, 1978년 12월 12일에 치러진 그 선거가 유신 체제를 붕괴시키는 도화선이라고 할까 단초가 됐다고 전에 얘기하지 않았나. 그것과 마찬가지로 2·12총선은 유신 체제 못지않게 막강해 보였던 전두환·신군부 체제를 뿌리부터 흔들고 개헌 투쟁으로 나아가게 하는 계기가 됐다.

1978년 12·12선거 때에는 긴급 조치 9호도 있고 유신 체제이기도 해서 선거 운동에서 정치라는 게 없었다. 무슨 말이냐 하면, 유신 체제에 대해 얘기를 할 수가 없었다. 그것에 대해 '잘못' 말하면 유언비어 유포 혐의로 잡혀갈 수 있었다. 긴급 조치 9호가 시퍼렇게 독기를 내뿜을 때 아니었나. 그래서 투표장에 나온 사람들이, 이때 투표율이 높았는데, 이심전심으로 자신들의 의사를 투표장에서 표현하는 방식이었다. 그랬는데도 야당인 신민당이 여당인 공화당을 득표율에서 앞지르는 놀라운 결과가 나타났다.

1985년 2·12총선 때에는 상황이 조금 달랐다. 2·12총선 유세장은 전두환 정권을 강도 높게, 물론 일정한 한도 내에서 그럴 수 있었지만, 비판하고 광주 학살의 책임을 묻는 장소가 됐다. 그런 점에서

2·12총선은 1972년 유신 쿠데타 이후 죽었던 정치가 되살아나는 시대로 들어가기 시작했다는 것을 말해주는 선거이기도 했다. 선거가 얼마나 중요한가, 민심을 표출하는 중요한 계기로 얼마나 의미 있게 작용하는가를 12·12선거 못지않게 2·12선거는 똑똑히, 잘 보여줬다.

── 2·12총선에서는 신민당이 돌풍을 일으키지 않았나.

이 선거에서 신민당이라는 신당이 크게 바람을 일으키고 각광을 받았는데, 먼저 신민당이 어떤 식으로 대오를 정비해갔는가를 보자. 신당이 출현하게 된 중요한 계기 중 하나는 1984년 11월 30일에 있었던 제3차 해금 조치다. 3차 해금 조치는 전두환 정권이 2·12총선을 앞두고 정치적으로 하지 않을 수 없었는데 1, 2차 해금에서 제외된 99명 중 84명이 이때 정치 규제에서 풀려났다. 3차 해금에서 제외된 15명에는 권력형 부정 축재자로 규제된 김종필, 이후락 등 옛 여권 인사 6명도 들어 있었다. 이들을 제외한 정치인은 김대중, 김영삼 등 옛 야권으로 전부 민추협(민주화추진협의회) 소속 정치인이었다. 그런 점에서 제일 핵심이 되는 인물들이 아직 안 풀리긴 했지만, 그래도 3차 해금으로 많은 인사가 규제에서 풀려나 정치 활동을 할 수 있게 됐다.

3차 해금 조치 이후 총선에 어떻게 임할 것인가를 가지고 민추협 내부에서 논란이 많았다. 처음에는 선거 거부파와 참여파가 팽팽했다. 그러나 1984년 12월 7일 민추협 전체 회의에서 대세는 총선 참여 쪽으로 기울었고, 12월 11일에는 신당을 결성해 총선에 참여할 것이라고 공식 발표했다. 신당 결성은 굉장히 빠른 속도로 추진돼 12월 20일 신한민주당 창당 발기인 대회가 열렸다.

2·12총선에서는 학생들이 대단히 중요한 역할을 했다. 학생 세대가 선거에 큰 작용을 하고 영향을 준 것은 이 선거가 처음이었다. 그런데 1984년 연말에 대학가에서는 선거 거부론과 선거 활용론이 맞서고 있었다. 선거 거부를 역설한 쪽에서는 1985년 총선이라는 건 민정당과 군부의 장기 독재로 가는 포석에 지나지 않으며 김영삼과 김대중의 신당은 미국, 일본과 야합할 가능성이 있다고 봤다. 이들의 주장에는 의회주의라는 건 개량주의에 지나지 않고 모순을 궁극적으로 해결하기 위해서는 기층 민중의 역량 강화가 더 중요하다는 것이 전제로 깔려 있었다. 이와 달리 선거 활용론 쪽에서는 전두환 정권의 폭력성을 폭로하고 민주화 문제, 민중 문제를 부각할 수 있는 통로로 2·12총선을 활용할 수 있다고 주장했다. 학생들이 이 선거에서 대단히 중요한 역할을 하고 그러면서 선명 야당 돌풍이 일어나리라고는 이들 참여파도 전혀 예상하지 못했다.

치열하게 논쟁이 벌어졌는데, 한때 총선 거부론이 힘을 얻었다. 그렇지만 1984년 연말을 거쳐 1985년 연초에 들어가면서 학생 운동권에서는 총선 참여론으로 대세가 기울게 된다.

선명 야당 바람 분 유세장, 민정당·민한당은 죽을 맛

—— 선거 분위기는 어떠했나.

전두환은 추운 날씨를 택하는 것이 민정당에 유리할 것으로 보고 선거 일자를 2월 12일로 정했다. 그러나 추운 겨울이기 때문에 선

1985년 2월 2일에 열린 국회의원 선거 합동 유세 현장. 2·12총선 유세장은 전두환 정권을 강도 높게 비판하고 광주 학살의 책임을 묻는 장소가 됐다. 그러면서 유신 쿠데타 이후 죽었던 정치 열기가 되살아나기 시작했다. 사진 출처: e영상역사관

거 바람이 잘 일지 않을 것이라고 판단한 건 오산이었다.

우선 선거 기간에 기온이 예년보다 5~6도 높았다. 그러다가 묘하게도 선거가 끝난 후에 다시 영하권으로 내려갔다. 그뿐 아니라 선거 유세장, 특히 합동 유세장에서 큰 바람이 불기 시작했다. 2000년 대에 합동 유세(연설회)가 없어졌지만, 그 당시에는 후보들이 모여서 자신의 경륜을 펴는 합동 유세가 유권자들이 몰려와서 얘기를 들을 수 있는 가장 중요한 기회였다. 그리고 무엇보다도 새로운 정치에 대한 열망이 컸던 때 아닌가.

합동 유세는 1월 30일에 시작됐다. 2월 1일에는 서울의 12개 지역구에서 일제히 합동 유세에 돌입했는데, 신민당은 직선제로 개헌할 것을 강력하게 주장했다. 그러면서 정치 열기가 되살아나기 시작했는데, 날씨가 풀리면서 분위기가 더 살아났다. 2월 2일 이민우 신

민당 총재는 "현행 헌법을 대통령 직선제로 개정하기 위해 헌법개정 추진위원회를 구성하고, 광주사태의 진상을 조사하고 그 책임을 묻기 위한 국정 조사권을 발동토록 할 것"이라고 발표했다. 이것 또한 유세장의 열기를 부채질했다.

선거 바람은 합동 유세장에서 거세게 불기 시작했다. 처음에는 합동 유세장에서 후보자건 청중이건 발언 수위 또는 '성역' 같은 문제 때문에 두려워하고 쭈뼛거리기도 했고, 일부 지역을 제외하면 유세장을 찾은 유권자 숫자도 그렇게 많지는 않았다. 그런데 그런 수위나 성역이 깨지기 시작하면서, 그래서 봇물 터지듯 하고 싶은 말들을 하면서 유세장에 청중이 몰려들기 시작했다. 1972년 유신 쿠데타 이래 정치권에서 언로가 꽉 막혀 있었는데, 이게 단숨에 트이면서 정치 쟁점이 부각되기 시작했다. 그렇게 되자 '유세장에 가면 들을 만하다'는 얘기가 나돌았고, 그러면서 유세장에 오는 사람 숫자가 폭발적으로 늘어났다. 특히 젊은이들이 유세장에 많았는데, 그중에서도 운동권 학생들의 야유가 유세장 분위기를 달구고 바람이 일게 하는 데 상당히 큰 역할을 했다.

─── 어떤 야유를 퍼부었나.

유세장에서 민정당을 1중대, 민한당을 2중대, 국민당을 3중대로 야유하는 소리, 이게 단골 메뉴였다. 당시 20~30대 유권자가 전체 유권자의 58퍼센트를 차지했는데 학생들은 유세장을 돌면서 군부 독재 재집권 결사반대, 민정당·민한당 반대, 민중 생존권 쟁취를 주요 구호로 외쳤다. 학생들은 "KBS 9시 뉴스", '땡' 하고 밤 9시를 알리면 전두환 얼굴이 등장한다고 해서 이걸 '땡전 뉴스'라고 불렀는데, "민는 사람 손들어보라", "요즘 박사 위에 육사가 있다더라", "헌법에는 대한민국이 민주공화국이라고 했지만 실제는 군사 공화국이다"라고 외쳤다. 그뿐 아니라 "광주사태 최고 발포 명령자는 누구인가", 이때는 나중처럼 전두환이라고 직접 언급하지는 못했지만, 그렇게 소리소리 지르면서 계속 구호를 외쳤다.

대도시 유세장에서 학생들이 민한당·민정당 타도나 배격을 연호하며 일제히 "우-우-우" 하고 야유를 보내면 막 연설을 하고 있던 민한당 후보들은 폭음이 울리고 고막이 찢어지는 듯해 뭐라고 응수해야 할지 몰랐다. 민정당 후보들도 당황했다. 학생들은 대도시 유세장 곳곳에서 바람을 일으키고 다녔다. 민한당의 한 중진은 당시 민한당 상태를 이렇게 표현했다. "유세장에 몰려든 인파의 뜨거운 열풍이 민한당한테는 생기를 잃어가는 나뭇잎에 몰아치는 초겨울 바람과도 같았다."

또한 시민들은 신민당의 '직공법直攻法'에 갈채하고 환성을 올렸다. 2주 가까이 계속된 합동 연설회는 날이 갈수록 열기를 더했다. 합동 유세장에서도 그렇고 거리에서도 그랬지만 김대중, 김영삼의 인기는 2·12선거 과정에서 최고로 올랐다. 선거 공보조차 볼 시간이 없을 정도로 바빴던 노동자들도 "진짜 야당은 어디래?"라고 물으면서 선명 야당을 찾았다. 이런 분위기 속에서 민한당 후보들은 바람에 낙엽이 쓸려가듯이 도처에서 쓸려갔다.

인기 치솟은 김영삼과 김대중
'이보다 더 좋을 수는 없다'

— 양김의 인기, 어느 정도였나.

해금되지 않아 정치 활동을 할 수 없었던 김영삼, 김대중은 이 선거에서 최고의 정치인으로 부각됐다. 아마도 양김은 생애 최고의 감동을 받지 않았을까 싶다. 민한당 후보들도 자신이 김대중, 김영삼과 가까운 사이라는 것을 가장 중요하게 내세웠다. 야당 후보 팸플릿에 가장 많이 등장한 것이 김대중, 김영삼과 함께 찍거나 찍힌 사진이었다. 그러면서 자신들이 민주 투사라고 선전했다. 심지어 1971년 대선을 앞두고 김영삼, 김대중과 더불어 40대 기수를 자임했고 그 후 신민당 당수까지 한 이철승, 선명 야당 주장을 심하게 배격하고 유신 체제의 2중대 역할을 했던 그 이철승조차 양김과 나란히 찍은 사진을 내놓았다.

1982년 12월 미국으로 떠났던 김대중은 2·12총선을 나흘 앞둔 1985년 2월 8일 귀국했다. 이날 민한당 후보들도 멀리 지방에서까지 올라와 김포공항으로 몰려왔다. 김대중과 사진 한 장이라도 같이 찍으려고 바쁜 선거 일정을 팽개치고 몰려든 것이었다. 김포공항 안팎은 "김대중, 김대중, 김대중"을 연호하는 사람들로 인산인해의 물결이었다. 경찰은 공항으로 통하는 도로를 봉쇄하는 등 갖가지 수단을 썼다. 그렇지만 곳곳에서 "공항으로 가자", "공항으로 가자"고 하면서 몰려드는 사람들의 행진을 막을 수가 없었다. 환영장에 나온 인파는 김대중이 입국장에서 나오기만을 손꼽아 기다렸다.

김대중은 2월 8일 오전 11시 40분 꿈에도 그리던 고국 땅을 밟

1985년 2월 8일 미국서 귀국하는 비행기 안에서 외신 기자와 인터뷰하는 김대중. 사진 출처: 연세대학교 김대중도서관

았다. 그런데 공항 건물에 들어서자마자 갑자기 사복 경찰이 뛰쳐나와서 일반 승객과 김대중 일행을 갈라놓은 다음 김대중과 그의 부인을 에워쌌다. 김대중과 이희호는 미국에서 출발할 때부터 동행한 인사들이나 취재진과도 강제로 떨어질 수밖에 없었다. 경찰은 이들을 마이크로버스에 강제로 태우고 이동했다. 입국 수속도 없었다. 마이크로버스 안에는 커튼을 쳐놓아서 김대중이 밖을 쳐다볼 수도 없었다. 엄청난 인파가 기다리고 있었지만 그 모습을 볼 수조차 없게 한 것이다.

격전지 종로·중구와 성북구에서
맥없이 떨어진 민한당 후보들

—— 2·12총선에서 대표적인 격전지는 어디였나.

이 선거에서 제일 인기 있고 말이 많은 지역이 서울 종로·중구
와 성북구였다. 종로·중구의 경우, 이때는 두 지역이 하나의 선거구
였는데, 민정당에서 이종찬, 민한당에서 정일형 아들 정대철이 일종
의 아성처럼 세력 기반을 구축하고 있었다. 그렇기 때문에 다른 사람
이 넘보기가 어려운 지역이었다.

그러나 김영삼은 2·12총선에서 승부처를 종로·중구로 잡았다.
역시 김영삼다운 정치 감각이었는데, 당시 종로·중구는 한국 정치
1번지로 불리고 있었다. 김영삼은 이민우를 이쪽에 내보내야 한다고
생각했다. 그래서 지구당 창당 대회 순회 차 경상도에 가 있던 이민
우에게 김덕룡 비서실장을 보냈다. 종로·중구에 출마하라는 얘기를
들은 이민우는 "고희를 넘긴 나를 사지로 보내려 하느냐"고 하면서
펄쩍 뛰었다. 김영삼은 자신이 직접 만나는 수밖에 없다고 판단하고
부산행 비행기에 올라탔다. 두 사람이 격론을 벌인 끝에 결국 자정
무렵이 돼서야 이민우가 출마하겠다고 했다. 이때가 1985년 1월 11일
인데, 일주일 후인 1월 18일 신한민주당이 창당되고 이민우가 총재에
추대된다.

종로·중구는 합동 유세 첫날부터 야단이었다. 서울에서 합동 유
세가 시작된 2월 1일에 1만 명 넘게 모였다고 보도됐다. 이날 이민우
가 피켓에 둘러싸여 유세장에 들어서자마자 청중이 함성을 지르고
박수를 보냈다. 그래서 강단에서 연설 중이던 다른 후보가 연설을 중

1985년 2월 6일 서울 종로·중구 합동 연설회장에 몰린 인파. 동아일보는 당시 5만 명이 넘는 인
파가 몰렸다고 보도했다. 이민우가 연설을 마치고 유세장을 나서자 청중 1,000여 명이 세종로
네거리에서 구호를 외치며 시위를 벌이기도 했다.

단하고 항의하는 소동이 벌어졌다. 김영삼 예측대로 종로·중구, 바로
이곳에서부터 정치 열기가 뜨겁게 되살아났다.

　2월 6일에는 옛 서울고 자리에서 종로·중구 합동 연설회가 열렸
는데 이 자리에 엄청난 인파가 몰렸다. 동아일보는 5만 명이 넘는 인
파가 몰렸다고 보도했고, 김영삼 회고록에는 10만 인파가 운집했다
고 쓰여 있다. 1971년 대통령 선거 때 장충단 김대중 후보 유세에 정
말 많은 사람이 모여들었는데, 그 선거 이후 2월 6일 이날 유세장에
사람이 제일 많이 모였다.

　이날 이민우가 연설을 마치고 유세장을 나서자 청중 1만여 명이
뒤따라 나왔다. 이때 나온 청중 일부가 "이민우", "독재 타도"라고 소
리를 질렀다. 그중 1,000여 명은 세종로 네거리에 이를 무렵 차도에
서 스크럼을 짜고 인도에서도 구호를 외치며 시위를 벌였다.

1985년 2월 14일 12대 국회의원 선거에서 이철 후보가 당선되자 당원들이 헹가래를 치며 즐거워하고 있다. 정치에 입문한 지 보름밖에 안된 이철이 기적적으로 1등으로 당선되었다.

이 선거에서 이민우 인기가 대단했다. 정대철과 야당 표를 나눠 가진 이민우는 결국 이종찬에 이어 2등으로 당선됐다. 근소한 차이로 이종찬이 1등을 하긴 했지만, 이민우와 이종찬은 개표 과정에서 엎치락뒤치락했고 마지막까지 접전을 벌였다. 중구에서 부친 정일형의 강력한 기반을 이어받은 정대철은 떨어졌다.

— 1950년대 후반에 민주당 구파였고 그 후 유진산과 밀접한 관계를 유지한 이민우는 상당히 보수적인 인물로 분류된다. 그런데도 2·12총선에서 이민우가 그 정도 인기를 누렸다는 건 전두환

⦁ 전날인 5일에도 이민우가 연설을 마치고 장내를 빠져나가자 청중의 3분의 1 정도인 6,000여 명이 거리에 몰려나오는 일이 있었다. 당황한 경찰이 길을 통제하자, 학생 200여 명이 반정부 구호를 외치며 시위를 벌여 시민들의 환호와 갈채를 받기도 했다.

정권 및 관제 야당에 대한 반발이 그만큼 강했음을 보여준다. 성
북구 쪽은 어떠했나.

성북구의 신민당 후보는 민청학련 사건(1974년)에서 사형 선고를
받은 바 있던 이철이었다. 이철은 재야인사들과 신민당에서 거의 반
강제로 출마를 요구해 후보로 나서게 됐는데, '정치 사형수 이철, 성
북에 돌아오다'라는 구호를 내걸고 선거 유세에 돌입했다. 사실 사형
선고는 비상보통군법회의에서 받은 것이고 그 후 국방부 장관 확인
과정에서 무기 징역으로 감형됐는데, 사람들한테 제일 인상적인 게
군사 재판정에서 사형 선고를 받은 것이라 그렇게 구호를 내세웠다.

영국 시인 바이런이 "어느 날 아침에 깨어보니 유명해져 있더
라"라는 말을 했지만, 이철 후보는 성북구에 등장하고 나서 바로 유
명해지기 시작했다. 수백 명의 대학생들이 도시락을 싸들고 나와 성
북구 유세장마다 돌아다니며 이철을 목말 태우고 "이철, 이철"을 연
호했다.

그렇지만 나이 먹은 사람들은 "여기는 데모장이 아니야"라고 하
면서 "데모식 선거 운동이 결국 조직적 득표 활동을 이기지 못할 것"
이라고 말했다. 이런 얘기가 나온 건 성북구에서 현직 보사부 장관인
김정례가 민정당 후보로, 민한당에서는 민한당 선거대책본부장이자
조병옥의 아들인 조윤형이 나왔기 때문이다. 워낙 강적이기 때문에
이철이 이기지 못할 것이라고들 본 것이다.

그런데 기적이 일어났다. 정치에 입문한 지 보름밖에 안된 이철
이, 그것도 1등으로 당선된 것이다. 이철의 뒤를 이어 김정례가 2등
으로 당선됐고, 민한당 후보 조윤형은 떨어졌다.

민의의 돌풍에 힘입어
제1야당으로 떠오른 신민당

—— 2·12총선 전체 결과는 어떠했나.

투표일인 2월 12일 아침부터 젊은 유권자가 투표소에서 많이 보여 분위기가 심상치 않았다. 투표율은 신당 바람으로 84.6퍼센트를 기록했다. 1961년 5·16쿠데타 이후 가장 높은 투표율이었다. 서울이 81.1퍼센트나 돼서 4년 전 총선 때보다 10퍼센트포인트 높았고, 부산은 85.3퍼센트로 4년 전보다 8.6퍼센트포인트 높았다. 대통령 선거건 국회의원 선거건 투표가 끝나면 누가 당선될 것인가를 궁금해하며 흥분하기 마련이지만, 특히 이날은 흥분 속에서 뜬눈으로 밤을 꼬박 새운 사람이 많았다고 한다.

신민당은 서울을 비롯한 대도시를 휩쓸면서 도시에서 압승했다. 도시형으로 분류될 수 있는 31개 선거구(전체 선거구는 92개) 가운데 21개에서 신민당이 1위를 했다. 득표율(2월 13일 오전 10시 집계 기준)을 보면 서울에서 민정당은 27.0퍼센트인데 신민당은 42.7퍼센트였다. 부산에서는 민정당 27.6퍼센트, 신민당 35.9퍼센트였다. 심지어 전두환·신군부의 정치적 기반인 대구에서조차 신민당은 민정당의 28.7퍼센트보다 아슬아슬하게 0.1퍼센트포인트 높은 28.8퍼센트를 기록했다. 이와 달리 2중대로 불리던 민한당은 도처에서 떨어졌다.

그야말로 신민당의 거센 돌풍으로 이변과 의외가 속출한 선거였다. 유권자도, 후보도, 여야 정당도 모두 깜짝 놀란 민의의 돌풍이었다. 전두환·신군부 등장 이래 장외 정치권으로 분류됐던 재야 정치 세력과 학생들이 합동 유세장을 뜨겁게 달구고 바람을 일으켜서

1985년 3월 29일 민주통일민중운동연합(민통련)이 새로 출범했다. 사진은 이날 의장으로 선임된 문익환 목사.

유권자들의 민주주의 열망에 부응한 것이 이러한 결과를 낳았다.

동아일보는 2월 13일 자 사설에 "민정당 주도 아래 제1중대, 제2중대 식으로 불리던 정당의 기본 편제는 바뀔 수밖에 없게 되었다"고 썼다. 다른 말로 하면, 이제는 정치가 살아나기 시작해서 정당의 역할이 커질 수밖에 없다는 것을 2·12총선은 보여줬다는 얘기다. 신민당은 "12대 국회에서 국민의 염원인 민주화를 반드시 쟁취하는 투쟁을 전개하겠다"고 다짐했다.

── 창당한 지 한 달도 안 된 신민당이 돌풍을 일으킬 수 있었던 건 민주화에 대한 국민들의 열망이 그만큼 컸기 때문 아닌가.

그렇다. 김영삼, 김대중은 대리인이었던 것이다. 그 사람들이 꼭

훌륭해서 인기가 좋았던 게 아니라, 민주화 열망이 강했던 국민들이 그 두 사람을 내세워서 민주화로 나아가려 했다고 봐야 한다.

총선이 있은 지 50여 일 만에 민한당 소속 의원 35명 중 3명만 빼고 모조리 신민당에 입당함으로써 민한당은 사실상 해체 위기에 처했다. 신민당은 이제 103석의 의석을 확보한 거대 야당이 됐다. 5월 30일 신민당 소속 의원 103명은 '광주사태 진상 조사를 위한 국정 감사 결의안'을, 그다음 날에는 '헌법개정특별위원회 구성 결의안'을 제출했다. 전두환·신군부와 새 야당의 격돌은 피할 수 없게 됐다.

2·12총선은 신당 바람을 일으켰고 새로운 정치가 출현할 것임을 예고했다. 그러한 선명 야당의 등장 못지않게 재야 민주화 운동 세력도 이 선거를 거치며 큰 힘을 얻게 됐다. 그러면서 1980년대에 재야 민주화 운동을 대표하고 1987년 6월항쟁에서 학생, 천주교, 개신교와 함께 큰 역할을 하게 되는 민주통일민중운동연합(민통련)이 1985년 3월 29일 출현하게 된다.

이 선거에서 민정당은 148석(지역구 87석, 전국구 61석), 신민당은 67석(지역구 50석, 전국구 17석), 민한당은 35석(지역구 26석, 전국구 9석), 국민당은 20석(지역구 15석, 전국구 5석)을 차지했다. 1981년 총선과 비교하면 민정당은 3석, 민한당은 46석, 국민당은 5석이 각각 줄었다. 내용상 패배가 분명했음에도 민정당 의석이 3석밖에 줄지 않은 이유 중 하나는 대도시에서는 참패했지만 농촌에서는 앞선 것이다. 그러나 그보다 훨씬 크게 작용한 것은 제1당이 전국구 92석의 3분의 2인 61석을 차지하게 만든 기형적인 선거법이었다. 그 덕분에 민정당은 득표율에서 신민당을 6퍼센트포인트밖에 앞서지 못했는데도 신민당보다 81석이나 많은 의석을 차지할 수 있었다. 한편 2중대 노릇을 하던 관제 야당 민한당 의원의 대다수는 2·12총선 후 신민당에 입당했다. 1985년 5월 신민당 의석은 103석으로 늘어났다.

2·12총선 한 달 후
재야의 중심축 민통련 탄생

— 민통련은 어떤 과정을 거쳐 결성됐나.

민통련은 1984년 6월에 조직된 민중민주운동협의회와 1984년 10월에 조직된 민주통일국민회의가 통합한 단체였다. 민중민주운동협의회에는 천주교 정의구현전국사제단, 한국노동자복지협의회, 가톨릭농민회, 자유실천문인협의회, 민주언론운동협의회, 민주화운동청년연합(민청련) 등 청년, 노동자, 농민, 재야, 종교계의 민주화 운동 단체 12곳이 참여했다. 민중민주운동협의회의 출현은 과거에 민주화 운동 단체가 명망가 중심으로 이뤄지고 활동했던 것과 달리 이제 조직적 역량을 갖춘 단체가 큰 역할을 하게 될 것임을 말해줬다. 민주통일국민회의는 문익환, 계훈제, 백기완이 주요 간부인 것에서 알 수 있듯이 재야 원로들과 청년 활동가들이 결합해 만든 단체였다.

특별히 기억할 만한 것은 두 단체 모두 통일을 대단히 중시하고 통일과 민주화가 별개의 것이 아니라 상호 긴밀한 관계를 가지고 있음을 강조했다는 점이다. 통일이 실현되지 않고는 분단 극복이나 민족 해방, 민족 자주가 이뤄질 수 없으며, 민주화의 길을 통하지 않고는 분단 극복 및 민족 통일을 성취할 수 없다는 입장을 취하고 있었다. 단체 이름에도 민주통일국민회의의 경우 통일 자가 들어가 있는데, 새로 조직된 민통련도 단체 이름에 통일이 민주, 민중과 함께 들어가 있을 정도로 통일, 민족 자주를 중시했다. 민족 문제가 1980년대에 중요하게 등장했음을 보여주는 모습이었다. 사실 통일 문제는 1970년대 초에 이어 1970년대 후반에 많이 등장했는데 1970년대 후반에는 주로 해외에서 강조되었고, 국내에서 통일 문제와 관련된 큰 움직임이 나타나는 건 1983년, 1984년부터라고 봐야 한다.

1970년대 말에서 1980년대 전반기에 통일 문제가 부각된 것은, 박정희 유신 권력이 특히 심했지만, 분단을 이용해 '안보 논리'를 조작해서 통일 운동만 탄압한 것이 아니라 민주화 운동, 민중 운동을 탄압하고 반공·반북으로 국가와 사회의 병영화를 획책한 것도 주요 요인이었다.

민통련은 2·12총선을 통해 드러난 국민들의 민주화 열망에 부응해 범민주 세력의 전열을 정비하고 군사 독재 종식을 위한 민주, 민권, 민족 통일 운동에 총력을 기울일 것을 결의했다. 민통련에는 민중민주운동협의회에 들어가 있었던 전국 단위 단체들이 거의 대부분 들어왔다. 그와 함께 역시 민중민주운동협의회에 들어가 있었던 지역 단체들이 민통련 서울지부, 경북지부, 경남지부, 강원지부의 이름으로 참여했다.

민중민주운동협의회에 들어가 있었던 단체 가운데 민청련 등은 나중에 민통련에 합류하게 된다. 1985년 9월 20일 민통련 확대 개편 대회가 열렸는데 이때 민청련, 민중불교연합, 서울노동운동연합(서노련)이 가입했고 개신교 운동 단체들도 참여했다. 그리고 지역 운동 단체가 6개 더 추가돼서 인천, 충남, 충북, 부산, 전북, 전남 등의 지역 운동 단체가 민통련에 들어왔다.

민통련에 여러 단체가 참여한 것은 그 자체가 민주 연합의 성격을 지니고 있었다. 그리고 4개 지역 단체에 이어 나중에 6개 지역 단체가 더 들어왔는데, 이것은 6월항쟁에서 아주 중요한 역할을 하는 동시다발 투쟁을 가능케 한 지방 조직으로 기능하게 된다. 지방에 있는 단체들은 민통련 산하 지역운동협의회로 결집했다. 이걸 지운협이라고 불렸는데, 지역에서 민주화 운동을 적극적으로 활성화했다.

민통련에는 노동 운동, 농민 운동 단체들이 가입했고 민통련 관계자들은 민중 운동을 아주 중시했다. 노동자, 농민을 기반으로 민주화 운동, 통일 운동을 펴나가는 것이 중요하다고 봤기 때문이다. 여기서 민통련에 가입한 단체 가운데 민청련에 대해 조금 더 살펴보자.

── 민청련은 어떠한 단체였나.

민청련은 민통련보다 2년 앞서 만들어진 단체였다. 1960년대, 1970년대에 학생 운동에 참여했던 사람들 가운데 학생 시절에만 운동을 펼 것이 아니라 대학 졸업 후에도 민주화 운동에 계속 헌신하겠다는 사람들이 이미 1970년대 말에 민주청년협의회를 만든 바 있었는데, 그러한 움직임이 1980년대에 들어와 더욱더 커졌다. 그러면서 프로페셔널professional한 민주화 운동 활동가들이라고 할까 직업적 민주화 운동 활동가들이라고 할까, 표현이 조금 이상하지만 그러한 진보적 청년들을 중심으로 한 민주화 운동 단체를 결성하기로 했다. 그렇게 해서 1983년 9월 30일 민주화운동청년연합이 탄생했다. 의장으로는 나중에 고문 사건으로 널리 알려지게 되는 김근태를 추대했다.

민청련은 민주주의와 민족 통일을 위한 새로운 사회 건설에 온몸으로 매진해야 한다고 강조하면서, 민족 통일의 대과업을 성취하기 위해 참된 민주 정치를 반드시 확립해야 한다고 역설했다. 그와 함께 민청련은 평등하고 인간적인 생활을 위한 민주 자립 경제, 자생적이고 창조적인 문화 교육 체제의 지향을 내세웠다는 점에서도 특징이 있다. 특히 "국제 평화와 민족 생존을 위해 냉전 체제의 해소와 핵전쟁의 방지가 이루어져야 한다"고 설파한 것은 다른 단체에서 찾아보기 어려운 주장이었다. 민청련은 정당처럼 자신들이 목적하는 바를 분명하게 정립하고 있었고 기관지 등을 통해 운동 이론 투쟁, 변혁 이론 정립에 큰 힘을 쏟았다.

민청련은 투쟁성 회복과 내부 역량 체계화, 다른 민주·민족·민중 단체와의 연대를 중시했고 그러면서 운동 노선 모색과 방법의 개발을 위한 조사 및 연구 활동을 활발히 전개하기 위해 결성 다음 해인 1984년 3월부터 기관지로 《민주화의 길》과 민중신문 등을 발간했다. 이것을 통해 민청련은 국내외 정세를 분석하고 이를 토대로 민중운동, 민주화 운동이 나아가야 할 방향을 제시하면서 관제 언론에 대항하는 선전 활동을 전개했다.

노동 운동에 한 획을 그은
1985년 구로 동맹 파업과 대우차 파업

6월항쟁의 배경, 두 번째 마당

전두환 정권의 민주 노조 파괴
노동자 두 번 죽인 블랙리스트

김 덕 련 1987년 6월항쟁에 이어 7, 8, 9월 노동자 대투쟁이 일어났다. 노동자 대투쟁이 6월항쟁과 짝을 이뤄 일어난 데서도 상징적으로 드러나듯이 독재 타도 문제와 더불어 노동 문제는 1980년대 민주주의를 향한 고투의 양대 축을 이뤘다고 할 수 있다. 여기에서는 노동자 대투쟁 이전 노동 운동 상황이 어떠했는지를 짚었으면 한다.

서 중 석 노동 운동이 1980년대 중반에 어떻게 전개되는지 살펴보자. 노동 문제에 대해서는 노동 전문가 이원보, 노광표가 쓴 글을 많이 참조했다.

전두환·신군부 정권은 1980년 12월 제3자 개입 금지 조항을 신설하는 등 노동 관계법을 개악했다. 또한 소위 노조 정화 작업 등을 통해 민주 노조를 혹독하게 탄압했다. 일부 민주 노조 활동가들을 삼청교육대로 끌고 가서 이른바 순화 교육이라는 걸 받게 하기도 했다. 1982년 11월에는 원풍모방 노조의 핵심 간부 11명을 전원 체포하면서, 1980년부터 계속된 원풍모방 노조 파괴 작업을 마무리했다. 이것은 1970년대에 적극적으로 활동했던 민주 노조들을 파괴하는 작업이 일단락됐음을 뜻했다.

이러한 상황에서 1980년대 노동 운동이 새롭게 전개됐다. 원풍모방 노조 파괴 작업이 일단락되고 나서 1년쯤 지난 1983년 말, 1984년 초에 블랙리스트 철폐 투쟁이 전개됐다. 악명 높은 블랙리스트는 1978년에 본격적으로 모습을 드러냈다. 그해 2월 21일 동일방직 여성 노동자들에게 똥을 바르고 똥물을 뿌리는, 정말 있을 수 없는 추악한 행태가 일어나지 않았나. 그러고 나서 그해 4월 섬유노조 위원장 김영태가 동일방직 해고 노동자들을 대상으로 블랙리스트를 작성, 전국 사업장에 배포하면서 이 문제가 시작됐다.

블랙리스트는 전두환·신군부 정권에 들어서서 더 큰 규모로 작성되고 활용됐다. 이 블랙리스트에 한 번 오르면 해당 노동자는 취업을 거부당했고, 아주 힘들게 취업되더라도 갖가지 이유로 바로 해고를 당했기 때문에 살아갈 길이 막혔다. 한마디로 해고 노동자들의 밥줄을 끊어놓았다.

1978년 동일방직에서 해고된 노동자 등 6명이 1983년 10월 인천 지역 공장에서 해고되는 일이 일어났다. 다른 여러 곳에서도 민주노조 활동을 했던 노동자들이 해고되는 일이 발생했다. 그러면서 블랙리스트 문제가 부각되고 철폐 투쟁이 전개됐다. 가톨릭노동청년회('지오세') 전국 평의회는 1983년 12월 부당 해고자 복직, 블랙리스트 철폐 등을 요구하며 단식 투쟁에 들어갔다. 종교 단체와 민권 운동 단체들은 1984년 1월 민주 노동자 블랙리스트 문제 대책위원회를 구성해 활동에 들어갔다.

그렇지만 블랙리스트 철폐 운동이 일반 노동자들 속으로 널리 확산되지는 못했다. 노동자들이 민주 노조 활동을 한 것을 문제 삼아 블랙리스트를 작성하면서 생긴 중요한 문제였지만, 주로 해고 노동자들의 문제로 인식되면서 그렇게 됐다.

노동 운동 지원 조직체로 '노협' 탄생
가열한 청계피복노조 합법성 쟁취 투쟁

─── 전두환·신군부는 1970년대 민주 노조들을 무지막지하게 때려잡
았다. 그렇지만 민주적인 노동 운동 조직을 만들려는 노력은 계
속되지 않았나.

전에 학림 사건을 다룰 때 민중 해방이라는 변혁 지향적 관점
에서 노동자와 지식인이 결합한 비공개 조직을 건설하려던 전민노
련(전국민주노동자연맹)이 1980년 5월 초 결성됐다고 얘기하지 않았나.
1981년 2월에 결성된 전민학련(전국민주학생연맹)과 연결된 노동 쪽 조
직이었는데, 전두환·신군부 정권은 전민노련 사건을 일으켜 관계자
들을 혹독히 고문하고 전민노련을 탄압했다.

그 후에도 노동 운동 단체를 만들려는 활동은 계속됐다. 1983년
말 유화 국면으로 접어들면서 1970년대 민주 노조 운동의 경험을 토
대로 노동 운동을 지원할 조직체를 만들자는 움직임이 나타났다. 그
러면서 1984년 3월 2,000여 명의 노동자, 학생, 시민들이 모여 한국
노동자복지협의회, 약칭 노협을 결성했다.

노협에는 원풍모방·동일방직·청계피복·반도상사·YH무역·콘
트롤데이타·한일공업·고려피혁·서통·동남전기 노조 등 1970년대에
가혹한 탄압 속에서 활동했던 민주 노조 간부들이 다수 참여했고 대
학생 출신 활동가들도 적지 않았다. 1970년대 민주 노조 간부들이
대거 참여했다는 점에서 과거에 볼 수 없는 새로운 노동 운동 조직이
었다.

노협은 《민주 노동》을 기관지로 발간하면서 교육, 선전, 상담,

1985년 10월 28일 종로구청의 청계피복노조 사무실 폐쇄 위협에 항의하는 청계피복 노동자들.

법정 투쟁 지원, 블랙리스트 철폐 투쟁 등의 활동을 전개했다. 그와 함께 청계피복노조 합법성 쟁취 투쟁, 노동법 개정 운동을 펼쳤다. 그렇지만 노협은 현장 대중 조직을 기반으로 한 것이 아니라 해고된 민주 노조 간부와 활동가들로 조직됐기 때문에 현장 노동자들과 유기적으로 결합해 활동하기가 어려웠다.

노협의 활동 중 하나로 청계피복노조 합법성 쟁취 투쟁을 애기 했는데, 그 부분을 조금 더 살펴보자. 전두환·신군부 정권은 1981년 1월 6일 청계피복노조에 해산 명령을 내리고 노조 사무실을 폐쇄했다. 청계피복노조는 해산 명령을 거부하고 치열하게 싸웠다. 그 과정에서 많은 사람이 구속되기도 했다.

청계피복노조 활동가들은 1984년 3월 청계피복노조 복구 준비 위원회를 조직했다. 4월 8일에는 청계피복노조 복구 대회를 열었다. 청계피복노조는 1984년 9월과 10월, 1985년 4월과 11월, 1986년 4월

　　　　　　　　　　　　　　6월항쟁의 배경

에 합법성 쟁취 대회를 열고 가두 투쟁을 벌였다. 1984년 9월 19일에 열린 1차 대회 때에는 노동자, 학생, 시민 등 2,000여 명이 시위를 벌였다. 이들은 청계천 고가 도로와 동대문, 혜화동, 원남동 일대 도로를 1시간 이상 점거하면서 경찰과 싸웠다. 아주 격렬한 시위였다. 그러나 청계피복노조는 1987년까지도 합법성을 인정받지 못했다. 전두환이 물러나고 노태우 정권이 들어선 이후인 1988년 5월 2일이 돼서야 합법성을 인정받게 된다.

대구를 시작으로 삽시간에
각지에서 들고일어난 택시 노동자들

— 1984년부터는 지역 단위에서 규모가 큰 투쟁이 일어나지 않았나. 택시 기사들이 그 문을 열었다는 점이 눈에 들어온다.

1984년 5월 25일 새벽, 대구 택시 노동자들이 연좌 농성을 벌이며 파업에 들어가 대구 시내 교통을 마비시켰다. 노동자들은 과중한

청계피복노조사 편찬위원회에서 기획해 2007년에 펴낸 《청계, 내 청춘》은 7년여에 걸친 기나긴 투쟁 끝에 불법이라는 부당한 딱지를 떼던 때의 모습을 이렇게 기록했다.
"한 장의 종이로 된 신고필증이 노조에 도착했을 때 조합원들은 차라리 허탈감에 맥을 놓아버렸다. 마구 끌어안고 손뼉을 치고 기쁨으로 환성을 올려야 옳은데 대체로 무덤덤한 표정이었다. 겨우 이 한 장의 종이가 지난 7년 세월을 그토록 고단하게 만들었는가 생각하면 억울하기도 하고 허망하기도 하였다.
여성 간부 하나가 속상하고 화가 나서 바닥에 털썩 주저앉아 울기 시작하자 다른 조합원들도 여기저기서 흐느껴 울기 시작했다. 가진 자들이 만든 법률에 우롱당하고 구박당하고 버림받은 지난 시간들이 너무나 원통했다. 합법적 노조가 없던 그 긴 시간 동안 장시간 저임금에 인간 이하의 대접을 받으며 살아온 청계 노동자들을 생각하면 눈물이 먼저 쏟아져 나왔다. 신고필증이 도착한 농성장은 서러운 울음소리로 숙연했다."

사납금 인하, 노조 탄압 중지 등을 요구했다. 대구 택시 투쟁은 삽시간에 부산, 경산, 구미, 대전, 포항, 서울, 광주, 영주, 강릉 등지로 확산됐다. 그러면서 각지에서 노조가 많이 결성됐고 노동 조건도 부분적으로 개선됐다. 대구의 경우 파업에 돌입한 5월 25일에는 택시 노조가 12개였는데 7월 중순에는 50여 개로 늘어났다. 전국적으로는 1984년 4월 말 330개였던 택시 노조가 6월 말에는 423개로 늘어났다.

다른 노동 부문보다 먼저 나서서 투쟁의 선두에 선 것은 불합리한 사납금 제도 등 택시 노동자들이 아주 불리한 노동 조건에 놓여 있었기 때문이다. 그것에서 비롯된 불만을 바탕으로 강력한 투쟁을 벌일 수 있었다. 1984년 11월 30일에는 서울 민경교통 기사 박종만이 노동 탄압 중지를 요구하며 분신자살로 항거하는 일이 발생했다. 노조 간부 복직, 노동 조건 개선을 요구하며 단식 농성을 하던 중 회사 측이 동료 3명을 해고한다고 위협하자 분신자살로 맞선 것이다.

굴지의 재벌 굴복시킨
대우자동차 파업 투쟁

— 1985년에는 1980년대 노동 운동사에서 빠지지 않는 두 개의 커다란 투쟁이 일어났다. 대우자동차 파업과 구로 동맹 파업이다. 두 투쟁이 주목받은 이유는 무엇인가.

대우자동차 파업과 구로 동맹 파업은 노동 운동사에 한 획을 그을 만한 투쟁이었다. 전자는 막강한 재벌 그룹을 굴복시켰다는 점에

1985년 4월 24일 인금 인상 등을 요구하며 조업 중단과 철야 농성을 벌인 대우자동차 노동자들. 열흘에 걸친 대우자동차 노동자들의 파업 투쟁은 국내 굴지의 재벌 기업과 맞서 자신들의 요구를 쟁취했다. 사진 출처: 경향신문

서, 후자는 기업별 노조의 벽을 넘어 여러 노조가 노조 탄압 중지라는 정치적 요구를 내세우고 동맹 파업을 벌였다는 점에서 큰 의의가 있다.

대우자동차 파업 투쟁부터 살펴보자. 대우자동차는 1984년에 노동자가 7,000명이 넘는 재벌 기업이었다. 그런데 기존 노조는 노동자들의 목소리를 충실히 대변하지 못했다. 그런 속에서 대우자동차 부평 공장에 1980년대 초반 송경평을 비롯한 대학생 출신들이 들어와서 활동했다. 대학생 출신 노동자들은 노동자들 사이에 확산된 여러 가지 불만 사항을 해결하는 데 앞장섰다. 그러면서 노동 현장 분위기가 바뀌었다. 노동자들은 학습과 교육으로 의식을 높여갔고, 회사와 노조 집행부의 방해에도 불구하고 노조 대의원 22명 중 12명을 민주파로 당선시켰다.

1985년도 임금 교섭 시기가 왔을 때 노조 집행부는 임금 인상 투쟁에 미온적인 태도를 취했다. 대우자동차가 창업 이래 최대 순이익을 올렸는데도 노조가 그런 모습을 보이자, 노동자들은《근로자의 함성》등의 소식지를 돌리면서 독자적으로 모임을 열었다. 현장에서 파업을 주장하는 목소리가 높아졌다. 현장에서 그런 분위기가 형성되자, 미온적이던 노조 위원장도 결국 4월 16일 파업 돌입을 선언할 수밖에 없었다.

부평 공장이 파업에 돌입하자 그 분위기가 부산 공장 등 다른 곳으로 바로 확산됐다. 노동자들은 경찰의 강제 해산 움직임에 대비해 각목 등으로 무장하고 철야 농성에 들어갔다. 경찰과 회사 측의 위협이 가중되는 속에서 임금 협상이 처음에는 결렬됐다. 그렇지만 대학생 출신인 홍영표 대의원과 김우중 회장이 단독 협상을 해 드디어 4월 25일 새벽에 합의를 봤다. 노동자의 승리였다.

열흘에 걸친 대우자동차 노동자들의 파업 투쟁은 국내 굴지의 재벌 기업과 맞서 자신들의 요구를 쟁취했다는 점에서 주목을 받았다. 대학생 출신(학출) 노동자들이 현장 노동자들의 지지를 받았다는 점도 중요하다. 주동자들은 철저히 준비된 투쟁을 전개하면서, 상황에 따라 탈법적인 투쟁도 마다하지 않았다.

대우자동차 임금 인상 쟁취 투쟁은 노동자들의 경제적 요구를 중심으로 이뤄졌다는 점이 특징으로 지적된다. 이 부분과 관련해서 '너무 경제적 요구 위주로 투쟁한 것 아니냐, 그것에 매몰된 것 아니냐'는 비판, 당시에는 이런 걸 경제주의 비판이라고 불렀는데, 그런 비판을 받기도 했다. 그런 비판과 별개로 대우자동차 투쟁이 다른 사업장의 투쟁을 촉발하고, 정부와 자본의 임금 가이드라인을 무력화했으며, 노동법 개정 논의도 불러일으킨 건 분명하다.

노동 현장에 스스로 들어간
대학생 출신 노동자, '학출'

— 1970년대 민주 노조 운동이 주로 경공업 부문 여성 노동자를 중심으로 전개된 것과 달리, 1987년 노동자 대투쟁을 분수령으로 중화학 공업 부문을 다수 포함한 대기업 남성 노동자들이 이른 바 노동 운동의 주력군으로 등장하게 된다. 노동자 대투쟁에 앞서 그러한 변화의 징후를 보여줬다는 점에서도 1985년 대우자동차 파업의 의미를 찾을 수 있을 것 같다. 그런데 '학출'로 불린 대학생 출신 노동자 문제, 어떻게 보나.

대학생 출신 노동자들은 대우자동차 투쟁에서 크게 주목을 받았다. 구로 동맹 파업 투쟁에서도 그러했는데, 이들은 일반 노동자들의 지지를 확보하면서 노동 운동의 새로운 모습을 보여줬다. 30년이 넘은 지금도 나는 대우자동차 파업 투쟁 당시 활약한 송경평, 홍영표 같은 이름이 기억난다. 그 정도로 대학생 출신 노동 활동가들이 1980년대 중반에 많은 활동을 했다.

학생들이 노동 현장에 한꺼번에, 여럿이 들어간 건 1970년대 중반부터였다. 유신 체제 시기였던 1974~1975년 무렵으로 기억하는데, 주로 그때부터 대학 출신들이 노동 현장에 들어갔다. 노동 현장에 들어간 사례가 그전에 전혀 없는 건 아니지만, 여러 명이 한꺼번에 들어간 건 이때가 시작이라고 볼 수 있다. 내가 아는 몇몇 사람들도 그때 들어갔다. 1970년대 후반에 오면 야학, 조금 있으면 노동 야학이라는 이름이 붙는데, 그러한 야학에 학생들이 적극 참여하면서 노학 연대의 한 모습을 보여줬다.

1980년대에 들어가면서 그러한 '학출'이 크게 부각됐고, 위장 취업자라는 이름으로 전두환 정권의 탄압 대상이 된다. 그러면 몇 명이나 들어갔느냐. 그건 정확히 파악하기가 어려운데 경인 지방에서만 1,000명 이상 또는 그보다 훨씬 많은 3,000~4,000명이 들어갔다고 얘기됐다. 전국적으로는 5,000명 내외가 들어갔을 것이라고 얘기하기도 하고 그보다 더 많은 학생이 노동 현장에 들어갔을 것으로 보는 견해도 있다.

대학생들이 자신들에게 주어진 모든 특권을 버리고, 때로는 가족과도 관계를 끊으면서 아주 힘든 노동 현장에 들어가서 노동 운동을 벌였다는 건, 그것도 적은 숫자가 아니라 정말 많은 인원이 들어갔다는 건 세계사에서도 드문 일이다. 19세기 후반 러시아에서 브나로드 운동('인민 속으로'라는 기치 아래 수많은 학생과 지식인들이 농촌에 들어간 운동) 같은 게 있긴 했지만, 한국에서 1980년대에 '학출'들이 노동 현장에 대거 들어가서 활동한 것은 한국 현대사뿐만 아니라 세계사적으로도 높이 평가할 만한 일이다.

● 1986년 10월 말 기준으로 위장 취업자로 적발된 사람이 전국 373개 업체, 699명에 이르렀다. 노동 현장에 들어간 실제 인원은 단속된 인원보다 훨씬 많았다. 이에 관한 기록이 여럿 있는데, 그중 구해근의 《한국 노동 계급의 형성》에 인용된 한 '학출'의 이야기는 당시 분위기를 잘 전해준다. "나는 위장 취업자로 인천에 있는 종업원 140명의 소규모 전자 공장에 일하러 갔다. 그런데 무슨 일이 일어났는지 짐작이나 하겠는가? 140명 가운데 10명의 위장 취업자가 있었다. 즉각 나는 누가 활동가인지 알아볼 수 있었다. 그 작은 공장이 활동가들로 넘쳐흘렀다."

구로공단 노동자들이
동맹 파업을 택한 이유

—— 구로 동맹 파업은 한국전쟁 이후 최초의 정치적 동맹 파업으로 불린다. 어떻게 전개됐나.

대우자동차 투쟁이 있은 후 두 달이 지나서 구로 동맹 파업 투쟁이 일어났다. 대우어패럴 노조는 구로공단에 있는 민주 노조 중 하나였는데, 바로 이 대우어패럴 노조 위원장이 1985년 6월 22일 구속된 것을 계기로 동맹 파업이 일어났다.

대우어패럴 노조는 1984년 6월 결성된 후 회사 측의 심한 탄압에 계속 맞서 싸웠다. 부당 노동 행위 구제 신청도 하고 고발, 진정 등도 하고 한국노총 회관 및 민한당사 점거 농성도 하고 회사 내 농성 등도 하면서 줄기차게 싸웠다. 1985년 임금 교섭에서도 강력한 투쟁을 벌였다. 임금 교섭은 40여 일 만에 마무리됐는데, 임금 투쟁이 이미 끝난 후인 6월 22일에 대우어패럴 노조 위원장 등 3명을 연행, 구속한 것이다.

이틀 후인 6월 24일 대우어패럴 노동자들은 파업 농성에 들어갔다. 같은 날 가리봉전자 노조, 효성물산 노조, 선일섬유 노조도 대우어패럴 노동자들과 함께 파업에 돌입했다. 대우어패럴 및 그 주변 업체들에서 일하던 노동자들이 동맹 파업을 벌인 것이다.

동맹 파업을 결정한 데에는 이유가 있었다. 대우어패럴 노조에 대한 경찰의 탄압은 대우어패럴 노조만의 문제가 아니며, 구로공단의 민주 노조들을 각개 격파하기 위한 첫걸음이라고 본 것이다. 전두환·신군부가 1970년대에 활약한 민주 노조들을 1980년부터 1982년

1985년 6월 구로 동맹 파업 당시 공장 창밖으로 현수막을 내건 대우어패럴 노동자들.

까지 하나하나 깨뜨린 것처럼 이번에는 구로공단의 민주 노조들을 겨냥해 그렇게 하려 한다고 판단한 것이다. 그래서 '개별적으로 당하지 말고 뭉쳐서 싸우자', 이렇게 된 것이다.

동맹 파업 돌입 후 남성전기, 세진전자, 롬코리아 노조 등으로 연대 투쟁이 확산됐다. 그러면서 동맹 파업, 연대 투쟁을 전개하는 노조가 10개, 노동자는 2,500여 명에 달했다. 민주화 운동 단체들과 종교 단체들은 지지 투쟁을 전개했다. 6월 26일에는 학생, 청계피복 노조, 민청련 등이 주축이 돼서 가리봉 5거리에서 시위를 벌였다.

구로 동맹 파업은 6월 24일부터 29일까지 6일 동안 계속됐다. 전두환 정권은 각목과 쇠파이프로 무장한 깡패와 사원을 가장한 사복경찰을 동원해 폭력으로 대우어패럴 노조부터 차례로 농성을 제압, 해산했다. 구로 연대 투쟁으로 43명이 구속됐는데, 이 중 9명은 지원 투쟁을 하던 대학생이었다. 그리고 38명이 불구속 입건되고 47명이 구류 처분을 받았으며 700여 명이 해고 또는 강제 사직을 당했다.

멸치는 비싸니 미원이나 넣어라?
노동자 분노 키운 자본의 오만

── 구로 동맹 파업은 대우자동차 파업과 달리 경공업 부문 여성 노
동자들이 주축을 이뤘다. 그 점에서는 1970년대 민주 노조 운동
과 비슷한 면이 있다. 물론 동맹 파업이라는 점, 그 이후 노동 운
동에 끼친 영향 등은 다르다. 어쨌건 그러한 구로 동맹 파업의
밑바탕에는 한국 자본주의의 구조적 병폐인 저임금 장시간 노
동 및 차별이 자리하고 있었다.

대우어패럴의 1985년 임금 교섭 과정에서 이 점은 상징적으로
드러난다. 노조는 설문 조사와 근처 시장 조사를 바탕으로 최저
생계비를 산정하고, 일당 1,080원을 인상해 최저 생계비의 70퍼
센트 수준을 맞춰달라고 주장했다. 회사는 이를 일축했는데, 구
로 동맹 파업 동지회와 구로 동맹 파업 20주년 기념사업회에서
2007년에 펴낸《아름다운 연대》에 따르면 그 대응 논리가 여러
모로 인상적이었다. "(월) 4만 원이면 생활이 충분하다더라", "국
끓일 때 비싼 멸치 넣지 말고 미원 좀 넣어서 먹으면 돈이 덜 들
지 (않느냐.) 왜 비싼 것만 먹느냐."

후자는 노조에서 작성한 최저 생계비 내역 중 '한 달에 돼지고기
반 근, 멸치 180그램' 부분을 문제 삼은 것이었다. 그리고 "(월)
4만 원이면 생활이 충분하다더라"라는 것이 얼마나 터무니없는
주장인지는 1984년 12월 19일 노동부가 발표한 '85년도 임금 조
정 지도 지침'만 봐도 알 수 있다. 이 지침에서 노동부는 월급 10
만 원을 1985년도 최저 임금선으로 설정하고, 우선 10인 이상
업체에 이를 실시하도록 의무화하겠다고 밝혔다. 노동자는 뒷전

이고 자본가를 편든다는 비판을 오랫동안 자초한 노동부, 그것도 전두환 정권의 노동부가 최저 임금선으로 월 10만 원을 공표하는 상황인데도 회사는 "4만 원이면 생활이 충분하다"고 강변했다.

이건 대우어패럴이라는 특정 업체만의 문제가 아니었다. 구로공단의 다른 업체들은 말할 것도 없고 당시 한국의 기업들 상당수도 이와 별반 다르지 않았다. 열악한 노동 환경에서 까닭 없이 욕먹고 무시당하며 아랫것 취급을 받는 것도 많은 현장에서 노동자들이 매일 감당해야 하는 현실이었다.

구로 동맹 파업은 그러한 현실을 바탕으로 발생했다. 그렇지만 그렇다고 해서 자동적으로 업체 간 장벽을 뛰어넘어 동맹 파업을 할 수 있는 건 아니다. 동맹 파업을 가능하게 한 힘은 무엇이었나. 그리고 구로 동맹 파업은 그 이후 노동 운동에 어떤 영향을 끼쳤나.

구로 연대 투쟁은 어느 날 갑자기, 자연 발생적으로 일어난 게 아니었다. 각각의 민주 노조가 자체 내에서 충실한 활동을 전개하면서 노조 간 연대 활동을 지속적으로 한 결과물이었다. 그 점이 중요하게 작용했다.

어떤 영향을 줬느냐. 이것에 대해 노동 전문가 이원보는 구로 연대 투쟁을 겪으면서 노조 운동에서 한계를 느끼고 '정치 투쟁이 노동 운동의 본령'이라는 주장으로 선도적 정치 투쟁을 내세우는 경향이 나타나게 됐다고 지적한다. 구로 연대 투쟁 이후 그러한 경향이 나타난 건 구로 연대 투쟁에 '학출'이 깊이 관여했다는 걸 보여준다. 이 당시 '학출' 노동자 상당수는 진보적, 급진적 서적을 읽으며 정치 투쟁 노선으로 기울었다. 그러면서 기존 노조나 노동 운동이 경제주의 투쟁을 하고 있다고 강력히 비판했다.

그런 속에서 구로 연대 투쟁 두 달 후인 1985년 8월 서노련(서울 노동운동연합)이 결성됐다. 서노련 결성에 참여한 단체는 청계피복노조, 노동 운동 탄압 저지 투쟁위원회, 구로 지역 노조 민주화 추진 연합, 노동자 연대 투쟁 연합 등이다. 서노련은 서노련신문을 발간했다. 서노련신문은 1986년 3월에 노동자신문으로 통합, 개편됐다.

1986년 2월에는 '인천 지역 노동자 연맹'(인노련)이 결성돼 서노련과 결합했다. 그렇게 결합한 조직은 약칭 서인노로 불렸는데, 서인노는 고도로 무장된 전위들이 정치 조직을 만들어 선도적인 정치 투쟁을 해야 한다고 주장했다. 그렇게 해서 대중의 정치 의식을 고양하고 정치 투쟁에 참여시켜야 한다는 것이었다.

서인노는 정치 투쟁을 강조하면서 전국적인 노동자 조직을 건설하려 했다. 그렇지만 이러한 서인노에 대해 남서울노동운동연합(남노련) 같은 세력들은 반발했다. 그런 가운데 1986년 인천 5·3사태가 일어나게 되는데, 이 사태를 계기로 전두환 정권은 노동 운동 단체들을 대대적으로 탄압했다. 그러면서 서인노는 심대한 타격을 입었고, 얼마 후에는 내부 논쟁이 격화되면서 소멸하기에 이르렀다.

'학출', 일부 과오는 있지만
그들의 헌신성은 높이 평가받을 수 있어

— '학출' 문제를 더 짚었으면 한다. '학출'이 노동 현장에 대거 들어 간 것에 대해 앞에서 높이 평가했다. '존재 이전移轉'으로도 불린

대학생 출신 노동자들의 헌신은 누구도 부인할 수 없는 사실이다. 그렇지만 긍정적인 영향만 끼친 건 아니지 않나. 예컨대 이념 과잉 또는 교조적인 경향에서 비롯된 부정적인 측면도 있지 않았나.

일부 '학출'에 대한 현장 노동자들의 반감이나 불신이 1980년대 중반을 넘어서면서 여러 군데에서 노출된 건 사실이다. 그렇게 된 데에는, 조심스럽게 얘기할 수밖에 없는 대목인데, 지식인 노동자들에 대한 현장 노동자들의 거리감도 부분적으로 작용했다. 일부 '학출'의 지나친 정치 투쟁 중심 활동도 반감을 살 수 있었다. 그러면서 1980년대 후반으로 갈수록 '학출'의 역할은 축소되고 1987년 노동자 대투쟁이 일어날 때에는 '학출'보다는 현장 노동자 출신이, 물론 여기에는 '학출'과 함께 학습한 사람도 포함돼 있긴 하지만, 주도적으로 각 현장에서 대파업을 이끌어가게 된다. 1990년대 이후에는 '학출'이 노조에서 대학생 출신이 할 만한 일을 주로 담당하는 쪽으로, 그러한 분야로 역할이 축소됐다고 얘기하고 있다.

'학출'에 대해 내가 한국 현대사뿐만 아니라 세계사적으로도 높이 평가할 만한 일이라고 앞에서 얘기했는데, 역사에는 그런 것이 있다. 뭐냐 하면, 예컨대 1825년 러시아에서 일어난 자유주의 귀족 청년 장교들의 데카브리스트 봉기 또는 혁명을 한 번 생각해보자. 한계가 분명했고, 주동자인 청년 장교들은 귀족이었으며 낭만적인 면도 있었다. 그런 점에서 '사실 지금 와서 따지면 문제가 많은 사람들 아니냐', 이렇게 얘기할지도 모르겠다. 하지만 나폴레옹 전쟁의 선물이기도 한 자유·평등의 프랑스혁명 이념의 영향을 받으면서 자신들의 모든 것을 걸고, 꽉 막힌 러시아에 변화를 가져오려 한 점은 중시해야 한다고 본다. 톨스토이의《전쟁과 평화》에도 젊은 귀족들의 뜨거운 토론이 나오지 않나.

브나로드 운동에 뛰어든 이들 중에도 '학출'처럼 경직된 사고, 투르게네프 소설《아버지와 아들》에 나오는 아들이 바로 그런 사람으로 보이는데, 그런 사고를 가진 사람들이 있었다. 그렇다 하더라도 사회에서 좋은 일자리를 얻고 풍족하게 살 수도 있던 사람들이 농촌 현장에 뛰어들었다는 건, 그리고 그것이 역사에 일정하게 기여했다는 건 의미를 부여할 수 있다고 본다.

마찬가지로 1980년대 초중반에 '학출'이 현장에 대거 들어간 것은 도식적이고 경직적인 면이 부분적으로 보인다고 하더라도 노동자들의 고통을 진정으로 이해하려는 노력의 일환이었다. 그와 동시에 노동자들과 함께 새로운 사회를 만들어보겠다는 정신적 자세에서 나온 것이었다. 이렇게 '학출'의 다수는 1980년대에 인생을 뜻깊게 살려는 뜨거운 정열, 이상을 가지고 아주 헌신적으로, 희생적으로 일했다. 이런 점들은 높이 평가를 받아야 한다.

1970년대에는 도시산업선교회가 노동 문제에서 중요한 활동을 많이 했다. 그건 틀림없는 사실이고, 높이 평가받아야 한다. 그렇지만 1980년대에 와서는 '학출'이라든가 새로운 노동 활동가들의 출현

● 데카브리스트(12월이라는 뜻)의 반란은 1825년 12월 14일 청년 장교들이 일으킨 반란이다. 이들은 전제정과 농노제 등으로 찌든 러시아를 위로부터 개혁할 꿈을 꿨으나 새로 즉위한 차르 니콜라이 1세에게 진압됐다. 데카브리스트의 반란은 실패했지만 그 후 새로운 러시아를 꿈꾸는 혁명가들에게 많은 영감을 줬다. 한편 니콜라이 1세는 반란 주동자 중 일부는 처형하고 일부는 머나먼 시베리아로 유형流刑을 보냈다. 시베리아로 추방된 정치범들은 쇠사슬에 묶여 광산에서 강제 노역을 해야 하는 등의 고통을 겪기도 했다. 그렇지만 추방된 정치범들 및 그들과 함께 시베리아로 온 여성들은 의학을 비롯한 학문과 문화, 새로운 농법 등을 지역 사회에 전했다. 그렇게 해서 정치범들의 유형지는 시베리아의 문화적 중심지로 성장하게 된다.

으로 종교 기관과 관련된 그런 방식의 활동이 큰 역할을 못하게 되는데, 그건 다 상황의 변화가 가져온 것으로 이해해야 한다. 마찬가지로 '학출'도 시간이 지나면서, 특히 서노련처럼 극단적인 정치 투쟁 중심의 사고를 한 사람들이 노동 운동을 급진적으로 이끌면서 적잖은 문제를 노출한 건 틀림없다. 그렇다 하더라도, 그것하고 노동 현장에 그렇게 많은 대학생들이 뛰어들었다는 것은 각각 평가를 할 필요가 있다고 난 본다.

이상과 헌신성을 가지고 살려는 모든 삶이 대개 그러하지만, '학출' 활동가가 현장에 대거 들어간 건 그야말로 우리 역사에서 대단히 의미 있는 일이다. 나는 항상 민주화 운동은 독립 운동과 같은 맥락에서 파악해야 한다고 역설하는데, '학출'의 활동은 일제 때 학생들이 독립 운동이나 노동 운동, 농민 운동, 지하투쟁 같은 데 헌신한 것과 비슷하다. 그때도 학생 또는 지식인이 사회주의 운동을 펴는 과정에서 경직적이고 도식적인 면을 적잖게 드러낸 건 사실이다. 영웅주의적인 면도 일부 있었고 폐단도 있었다. 그렇지만 일제 때든 1980년대든 그러한 폐단이 생기는 것하고 헌신적이고 희생적으로 노동 현장에 들어가서 싸우려고 노력한 것하고는 각각, 거기에 맞게 평가를 해줘야 한다. 그런 것들이 역사에서 중요한 역할을 할 수 있다, 이 말이다. 대우자동차 투쟁에서도, 구로 연대 투쟁에서도 '학출'이 의미 있는 역할을 하지 않았나.

그런 것하고 비슷하다. 뭐냐 하면 NL들, 그중에서도 특히 주사파들의 극단적인 노선이 그동안 적잖은 문제점을 노출하지 않았나. 그렇지만 대중적인 NL에서 볼 수 있는 민족 자주, 분단 문제, 통일 문제에 대한 깊은 열정, 관심은 충분히 의미가 있다고 볼 수 있다. 이처럼 두 가지는 같은 데에서 움직이는 흐름이면서도 어떤 면에서는 평가를 잘해줄 수 있는 부분이 있고, 그와 반대로 부정적으로 평가할 수밖에 없는 부분도 있다. 그러한 두 측면은 각각, 거기에 맞게 평가를 해야 한다. 난 그렇게 본다.

수입 개방 농정으로 궁지에 몰린 농민들, 소몰이 투쟁으로 맞서다

6월항쟁의 배경, 세 번째 마당

함평 고구마 사건,
조직적 농민 운동의 부활을 알리다

김 덕 련 노동 운동에 이어 농민 운동을 짚었으면 한다. 1945년 해방 직후 농민들은 토지 개혁 문제를 중심으로 여러 사회 운동을 활발하게 전개했다. 그렇지만 학살, 분단, 전쟁을 거쳐 극우 반공 체제가 자리 잡으면서 해방 공간에서 표출된 활력은 사라지고 농촌은 침묵의 공간으로 변했다. 1960년 4월혁명 때에도 농민들은 적극 나서지 않았던 데서도 이 점은 잘 드러난다. 이처럼 농민들에게 재갈을 물려 침묵시킨 건 권력자들에게만 좋은 일이었다. 그러했던 농촌에서 1980년대에는 농민 운동이 다시 활발하게 전개되는데, 그런 움직임은 이미 유신 후기부터 나타나지 않았나.

서 중 석 농민 운동으로 가보자. 1970년대 후반에 함평 고구마 사건이 일어나면서 농민 운동이 부각됐다. 함평 고구마 사건에서 나타난 농민 운동은 한국전쟁 이후 정권에 투쟁적이고 민주화 운동과 연결돼 일어난 조직적 농민 운동으로는 최초의 농민 운동으로 평가할 만하다.

이 사건은 1976년 농협이 고구마를 전량, 그것도 높은 가격으로 수매하겠다고 약속해놓고 이행하지 않으면서 시작됐다. 농협이 그렇게 나오니까 농민들은 큰 피해를 볼 수밖에 없었다. '작년보다 값을 잘 쳐줄 테니 우리한테 빨리 팔아라'라고 하는 상인들도 있었지만, 농민들은 농협의 약속을 믿었기 때문에 안 팔고 기다리다가 낭패를 본 것이다. 농협이 약속을 어긴 탓에 농민들이 피땀 흘려 재배한 고구마가 길가에서 썩어가는 지경에 이르렀다.

함평 고구마 사건 당시 농민들이 내건 고구마 피해 보상 구호.

그해 11월 전남 함평군의 고구마 재배 농가들은 농협에 피해 보상을 요구하는 운동을 펴기 시작했다. 그러나 농협은 '고구마가 그렇게 된 게 왜 우리 잘못이냐. 우린 전혀 책임 없다'는 태도를 취했다. 또한 피해 농가들을 개별적으로 찾아다니며 압박하거나 피해 보상 운동에서 손을 떼라고 회유하기도 했다. 그러면서 이 문제는 해를 넘기게 됐다.

함평의 고구마 재배 농민들은 1977년 4월 광주 계림동 천주교회에서 기도회를 여는 등 지속적으로 농협에 피해 보상을 촉구했다. 보상 문제가 계속 제기되자 농수산부와 농협 중앙회에서 합동 조사반을 편성해 조사까지 하게 되지만, 농민들의 핵심 요구는 끝내 묵살을 당했다. 가톨릭농민회는 전국적으로 더 강력하게 투쟁할 필요성을 느끼고 1978년 4월 광주 북동천주교회에서 무기한 단식 농성 투쟁에 들어갔다. 천주교 광주 대교구 사제단이 동참을 선언하고 각계 인사들이 격려 방문을 하는 등 문제가 커지자 농협은 뒤늦게 피해 보상을 하게 된다. 그렇게 해서 이 사건은 1978년에 와서야 일단락됐다.

수십 년간 농민을 괴롭힌
부당한 농지세와 반농민적 농협

— 1980년대에 들어와 농민 운동은 어떻게 전개됐나.

1980년대에는 가톨릭농민회 회원들을 중심으로 농민 운동이 치열하게 전개됐다. 그중 하나가 부당 농지세 시정 투쟁이었다. 당시 농지세는 다른 세목稅目의 조세보다 세율도 높고 공평하게 부과되지도 않는 등 여러 가지로 불합리한 점이 많았다. 그래서 농민들한테는 원성의 대상이었다.

농지세를 부당하게 매기는 것에 항의하는 투쟁에는 충북 음성군 농민들이 앞장섰다. 음성군 농민들은 1981년 말에서 1982년에 걸

이 사건의 밑바탕에는 '흙이나 파먹는 무지렁이'라는 식으로 농민을 우습게 여기고 부정부패를 거리낌 없이 자행한 농협의 구조적인 문제가 자리하고 있었다. 1970년대에 함평뿐만 아니라 다른 곳에서도 농협이 수매 약속을 내팽개치는 일이 심심찮게 발생한 것도 그와 무관치 않다.

함평 고구마 피해 보상을 요구하는 단식 농성이 마무리된 직후인 1978년 5월 6일 감사원 발표에서도 이 점은 단적으로 드러났다. 감사원은 전남, 전북, 경남, 경북의 농협 도지부 산하 단위 조합에서 1976년과 1977년에 고구마 수매를 위장 또는 조작해 80억 원의 농협 자금(생고구마 24만 6,000톤 상당)을 유용한 사실이 드러났다고 밝혔다. 농민들로부터 제때에 고구마를 수매해 주정 회사에 공급해야 할 단위 농협 일부가 중간 상인과 결탁, 중간 상인한테서 고구마를 사놓고 마치 농민들로부터 수매한 것처럼 꾸미는 등의 방식으로 거액을 유용했다고 감사원은 발표했다.

처 부당 농지세 시정 투쟁을 전개했다. 그 결과 음성 지역의 농지세가 대폭 삭감됐다. 이 투쟁은 그 후 농지세 관련 제도가 개선되는 계기가 됐다.

다른 하나는 농협 민주화 운동이었다. 농협은 농민과 상관없이 사업과 운영이 이뤄지고 있었고 더군다나 외국 농산물 판매까지 하고 나섰다. 이렇게 농협이 반농민적 조직으로 전락한 것은 농협이 농민들이 자발적으로 만들고 참여하는 단체가 아니라 관이 주도해 농민 위에 군림하는 하향식 조직이었기 때문이다. 조합장도 농민이 직접 뽑지 못하고 농민과 무관하게 임명하도록 했다. 1961년 5·16쿠데타 이후 옛 농업은행과 옛 농협이 통합해 새로운 농협이 전국 조직으로 출범했는데, 박정희 정권 시기에 농협은 농민들의 농협이 아니라 권력의 한 부분으로 권력에 의해 좌지우지되는 농협이었다.

가톨릭농민회는 농협 민주화를 위해 1970년대에서 1990년대에 걸쳐 지속적인 활동을 펼쳤다. 1983년 7월에 100만 인 서명 운동 추진 결의 대회를 열었고, 8월부터는 농협 조합장 직선제 실시 100만 서명 운동을 전개했다. 농민이 조합장을 직접 뽑는 것이 농민의 농협을 이뤄내는 첫걸음이라고 봤기 때문이다.

결국 농협 총회 대의원들이 선출한 9인 추천 위원회에서 조합장 후보 2명을 선출하고 그중 1명을 농협 중앙회장이 임명하던 것을, 대의원 총회에서 조합장 후보 1명을 선출하고 농협 중앙회장이 그 사람을 임명하도록 임명 절차가 한 단계 줄어들었다. 그러니까 간-간선제에서 간선제로 바뀐 것이다. 그 이후에도 가톨릭농민회를 중심으로 농민 단체들은 농협 직선제 투쟁을 계속해서 벌였다. 그렇게 해서 1987년 6월항쟁 이후 농협 등의 조합장 선출 방식이 직선제로 바뀌고, 1989년 첫 선거가 치러지게 된다.

"개 값만도 못한 소 값", 농민을
벼랑 끝으로 내몬 수입 개방 농정

—— 1980년대 농민·농업·농촌 문제에서 빼놓을 수 없는 것이 외국
산 농산물 문제와 소몰이 투쟁 아닌가.

1980년대 중반에 농민 운동으로 사회에서 크게 주목받은 것이
외국 농축산물 수입 반대 및 소 값 피해 보상 운동이었다. 농산물 수
입 자유화 조치가 1980년대에 들어와서 처음 이뤄진 건 아니다. 박정
희 유신 정권 말기부터 있었다. 그렇지만 그 규모가 크게 확대된 건
전두환·신군부 정권이 들어선 이후다. 전두환·신군부 정권 초기에
경제 정책을 세우는 데 중요한 역할을 한 사람이 김재익 청와대 경제
수석이다. 그런데 이 사람은 다른 경제 정책에서는 대체로 잘한다는
평가를 받았지만, 농정에 대해서는 비판적인 소리를 들었다. 농업 문
제에 대해서도 비교 우위론을 내세우면서 수입 개방 농정을 지지했
기 때문이다.

수입 개방 농정이 1980년대에 들어와 본격화되면서 쌀을 비
롯한 350여 종류의 농축산물이 수입됐다. 사료용 곡물 수입량도 약
4,000만 석에 이르렀는데, 이건 쌀농사가 풍년이었을 때 한 해 수확
량보다도 많은 양이었다. 수입 개방 농정이 강화된 결과, 1983년의
경우 한국은 미국의 3번째 농축산물 수출 대상국으로서 11억 7,400만
달러에 상당하는 농산물을 수입했다.

농민들은 죽을 맛이었다. 1980년대에 들어와서, 특히 1983년에
쌀, 양파, 여름 과일 등 거의 모든 농산물과 축산물의 가격 폭락 현
상이 거듭 나타났기 때문이다. 1983년에는 하곡 수매가에 이어 정부

에서 추곡 수매가를 동결하고 수매량도 제한했다. 이렇게 되니까 쌀 값이 수매가 이하로 막 떨어졌다. 동결된 수매가보다도 1만 원 내지 1만 5,000원이나 떨어진 4~5만 원을 받고 쌀을 내다팔지 않을 수 없었다. 농민들로서는 점점 견디기 힘든 처지에 놓이게 된다. 그런 속에서 돼지 값이 떨어지더니 1980년대 중반에 소 값마저 폭락하게 된다.

── 아끼는 소를 끌고 시위를 한다는 건 농민들에게 보통 일이 아니다. 소 값이 얼마나 떨어졌기에 그런 일이 생긴 것인가.

1980년부터 1984년까지 5년간 20만 마리가 넘는 외국 소와 90만 마리 분의 외국 소고기가 수입됐다. 1983년의 경우 육우 7만 4,000여 두, 젖소 1만 1,000두에 우리나라 전체 소고기 소비량의 43퍼센트나 되는 5만 톤의 소고기를 수입했다. 1985년 10월에는 국내 소 값이 1983년 초보다 60~80퍼센트나 폭락했다. 그래서 농촌에서는 "개 값만도 못한 소 값"이라고 했다.

1982년에는 소 시세가 괜찮았다. 그러자 정부는 대대적으로 축산 장려를 했고 복합 영농으로 소 사육을 권하고 외국 소를 '번식우'라 하여 도입해 농민에게 키우게 했다. 농민들도 정부의 권장에 편승해 소 키우는 데 열을 냈다. 영농 후계자들도 융자를 받아 소를 키웠다. 그런데 외국 소를 대거 들여온 동네는 온 동네가 초상난 것 같았고 일반 농가들은 한숨만 쉬었다. '번식우'라면 새끼도 잘 낳고 성장도 좋아야 하는데 불임 소가 많았고, 키운 지 7개월째가 돼도 크지를 않았다. 병들어 죽어가는 소들도 생겼다.

1983년에 전북 순창군에서 최초로 시범 복지 마을이 된 덕산 마을은 복지 마을이 아니라 '복통 마을'이 됐다. 1983년에 75만 원(170

킬로그램), 95만 원(240킬로그램)에 도입한 '번식우'가 2년이 다 되었는데도 큰 소가 80~85만 원, 작은 소는 70만 원밖에 안됐다. 품값을 빼고도 사료비 등으로 1년에 40~50만 원이 들었는데, 그렇게 된 것이다. 외국 소는 대개 빚을 내서 들여왔다. 그 점은 영농 후계자도 마찬가지였다. 소 값 폭락으로 순창군 최초의 시범 복지 마을은 농민들이 별안간 빚쟁이로 전락해 '복통 마을'로 전락하고 말았다.

사육 농민들은 마리당 평균 70~80만 원의 적자를 봤다. 반면에 정부는 큰 액수의 차익금을 갖게 됐다. 무슨 얘기냐 하면, 외국 농축산물을 대규모로 수입하면 농민들은 죽어나지만 수입하는 쪽에서는 큰 이익을 보게 되는데 그중 상당 부분은 정부에 가게 돼 있었다.[*] 한 의원은 국회에서 미국산 소 '샤로레'의 도입 원가가 720달러(57만 6,000원)인데 왜 농가에 90만 원씩 분양하느냐고 따졌다.

이처럼 과도한 수입으로 농축산물 가격 폭락 현상이 연이어 일어나면서 농민들이 야반도주하거나 농약을 마시고 음독자살하는 사례가 잇따라 신문에 보도됐다. 소를 반납하기로 결의하거나 소 값 폭락에 항의해 마을에서 소를 도살하는 일도 생겼다. 심지어 키우던 소를 우시장에서 때려죽이는 농민까지 나타났다.

---

[*] 이에 대해 《한국 여성 농민 운동사》는 당시 신문에 보도된 외국 소의 산지(미국, 캐나다, 호주 등) 평균 가격과 도입 가격 비교를 바탕으로 이렇게 기록했다. "정부는 1984년 한 해 동안 외국 소 도입에서만 한 마리당 평균 약 50만 원 이상씩 이익을 남기고, 육우에서 약 380억 원의 이익을 남긴 셈이다. 그러나 이 이익금이 과연 영세 축산 농가를 위해 쓰였는지는 의문이다."

참다못해 소를 끌고 나온
농민들의 소몰이 투쟁

── 영화 〈워낭소리〉가 잘 담아낸 것처럼 소는 대다수 농민들에게
단순한 가축이 아니다. 식구들 밥보다 소에게 먹일 여물부터 챙
긴다는 말이 있을 정도로 소중한 존재다. 그런 소를 죽이는 참혹
한 일까지 일어났다는 건 이 시기에 농민들이 느낀 절망감이 어
느 정도였는지를 느끼게 해준다. 그러한 상황에서 나타난 소몰
이 투쟁, 어떻게 전개됐나.

가톨릭농민회와 기독교농민회는 소 값 피해 보상 운동을 전국
각지에서 치열하게 전개했다. 1985년 4월에는 이틀에 걸쳐 기독교농
민회가 미국 농축산물 수입 개방 강요 규탄 대회를 열고 주한 미국
대사관에서 시위를 벌여 주목을 받았다. 기독교농민회 회원들은 미
국 대사관 마당에 진입해서 "소 값 피해 보상하라", "미국은 농축산물
수입 개방 압력을 철회하라" 등의 구호를 외치며 시위를 벌였다.

1985년 7월과 8월에는 소몰이 투쟁이 전개됐다. 7월 1일 경남
고성을 시작으로 강원도 홍천, 전북 진안 등 전국 22개 지역에서 농
민들은 가톨릭농민회를 중심으로 해서 소몰이 투쟁을 격렬하게 펼쳤
다. 경운기·소몰이 시위라고도 불렸는데, 농민들은 소뿐만 아니라 경
운기도 몰고 나와 마을에서 군, 면 소재지까지 행진하면서 시위를 벌
였다. 농민들은 가로막는 경찰의 저지선을 뚫고 행진했는데, 소 등에
구호를 붙이거나 경운기에 방송 시설을 설치해 활용하기도 했다.

── 농축산물 가격이 연이어 폭락하면 농민들의 빚 부담도 커질 수

밖에 없는 것 아닌가.

농가 부채는 새마을운동이 한창이던 1970년대에 급증했다. 1980년대에 들어서서 농가 부채가 더 늘어나 1983년 말에는 호당 128만 5,000원, 1984년 말에는 호당 178만 4,000원으로 치솟았다. 그러면서 농가 부채가 농촌에서 심각한 문제가 됐다. 1984년 연초에는 농민들이 빚을 못 갚아 빚잔치를 열고 잇달아 농촌을 떠나는 모습이 보도됐다. 동네 인심이 썰렁했고 야반도주하는 농민도 적지 않았다. 이 때문에 1980년대 중반에는 소 값 피해 보상 투쟁과 함께 농가 부채 탕감 투쟁도 전개됐다.••

• 소몰이 투쟁은 경찰의 최루탄 남발을 억제하는 효과도 거뒀다. 최루탄에 소가 어떻게 반응할지 가늠하기 어려웠기 때문에 경찰은 다른 때와 달리 최루탄 사용을 자제할 수밖에 없었다. 그리고 잘못된 정책에 항의하는 뜻으로 소를 끌고 나서기는 했지만, 농민들에게 소는 소중한 존재였기 때문에 시위를 마친 후에는 차를 빌려 소를 태우고 돌아오는 사례도 있었다.
소몰이 투쟁이 격렬했던 데에는 정부에 대한 농민들의 배신감도 크게 작용했다. 전두환 정권은 융자까지 해가며 농민들에게 소를 더 많이 키우라고 권장했다. 그에 따라 많은 농민이 빚을 내서 소를 더 샀다. 그런데 전두환 정권이 외국 소를 대거 들여온 탓에 소 값이 폭락했을 뿐만 아니라, 들여온 외국 소 가운데 상당수가 수태를 못하거나 성장 상태가 불량한 '병든 소'로 판명됐다. 농민들로서는 절망 섞인 분노를 느낄 수밖에 없었다. 그러나 전두환 정권은 "농촌 파멸 직전이란 표현을 쓰지 말 것" 같은 보도지침을 내리며 실상을 감추기에 바빴다.
전두환 정권의 수입 개방 농정은 미국의 개방 압력과 맞물린 것이기도 했다. 레이건 정부가 밀어붙인 신자유주의 반혁명은 자국 농민의 희생을 일정하게 초래할 수밖에 없었다. 레이건 정부가 농축산물 수입 개방 압력을 높인 데에는 다른 나라 농민들에게 그러한 희생과 부담을 떠넘기는 측면이 있었다. 그와 함께 1980년대에 미국이 막대한 쌍둥이 적자(무역 적자와 재정 적자)에 허덕이던 상황과도 이어져 있다.
•• 빚 때문에 자살하는 농민이 곳곳에서 나타날 만큼 농가 부채 문제는 심각했다. 이 때문에 마을 분위기가 삭막하게 변하기도 했다. 《한국 여성 농민 운동사》에는 경남 거창의 한 농민이 이렇게 말한 것으로 기록돼 있다. "서로 어깨를 맞대며 믿고 사는 것이 우리 농촌이었는데, 빚 파산이 자주 생기자 빚보증 때문에 모두 등을 돌리게 됐다." 또한 소 값이 폭락하고 생활이 더 어려워지면서 여성 농민들 사이에서 겨울이면 도시로 가서 식모살이를 하다가 봄에 돌아오는 풍습이 생겨났다는 내용도 담겨 있다.

1985년 소 값의 급락으로 생계에 위협을 느낀 농민들이 거리로 소를 끌고 나와 시위를 벌이고 있다. 사진 출처: 오픈아카이브, 박용수

　　그러한 가운데 1986년부터 농민 운동은 대중 노선에 입각한 대중 조직 운동으로 변모했다. 1970년대에는 농민 운동이 광범위한 농민들의 참여를 이끌어내지 못하고 가톨릭농민회를 비롯한 일부 종교계를 중심으로 전개됐는데, 그러한 한계를 극복하자는 취지였다. 가톨릭이나 기독교 같은 종교적 틀에서 벗어나 군 단위 농민 대중을 토대로 한 자주적 농민 조직을 건설할 필요성이 농촌에서 제기됐고, 그러면서 대중 노선에 입각한 대중 조직 운동이 전개됐다. 이러한 흐름 속에서 1987년 2월 26일 전국농민협회가 창립된다.

　　1980년대에 가톨릭농민회를 중심으로 농민 운동이 활성화된 것은 6월항쟁 전개 양상에도 영향을 줬다. 전주, 안동, 천안, 광주, 마산 등 여러 지역에서 농민들은 6월항쟁에 적극 참여했다.

농민과 함께하는 농활에
도끼눈 뜬 전두환 정권

— 지난번에 노동 운동을 살피면서 노학 연대 문제도 짚었다. 1980
년대에 학생들은 노동자들뿐만 아니라 농민들과도 연대하지 않
았나.

1980년대에 많은 학생이 공장에 취업해 노동 현장에 들어갔고,
또 '공활'(공장 활동)을 한 학생들도 적지 않았다. 그런데 훨씬 더 많은
학생이 '공활'보다 농활을 갔다. 1970년대보다도 1980년대에 농활을
더 많이 갔을 뿐만 아니라, 농민들한테 절대로 폐를 끼쳐서는 안 된
다는 아주 강한 농활 지침이 있었다.

광주 '5월 투쟁'이 끝나자마자 대학가는 또 바빴다. 5월 하순이
나 6월 초순이 되면 대학에는 농활을 권하는 현수막, 벽보 등이 여기
저기 붙었다. "가자! 농촌으로. 타는 흙가슴으로", "가자! 아직도 동트
지 않은 거친 황토로!", "우리 갑시다. 흙과 땀의 의미를 찾으러", "여
대생이 가진 것은 무엇입니까? 껍데기를 벗고 농활 갑시다", 이런 구
호부터 "소 값이 개 값 되는 농촌 현장으로", "농축산물 수입 중단!
농가 부채 탕감하라"는 구호까지 다양했다. 농촌으로 떠나기 전에 학
습 세미나를 여러 날에 걸쳐 하고 최종적으로 1박 2일 또는 2박 3일
MT(수련회)를 갖게 된다.

— 농활, 어떤 식으로 진행됐나.

농활은 무척이나 고달팠다. 대개 고추밭, 인삼밭, 콩밭, 담배밭

잡초를 제거하거나 불필요한 순을 따내는 것, 논에서 잡초나 피를 뽑는 일이었지만 대부분 안 해본 일이라 뙤약볕에서 일하기가 아주 힘들었다. 밤에도 계속 힘든 일이 뒤따랐다. 저녁부터 분반 토론에 들어가고 이어서 노동 작업 평가, 농촌 실태 토의가 있고 자정이 지나서도 각 대원의 자체 평가, 상호 비판이 계속됐다. 그러다보면 새벽 3시를 넘길 때도 있었다. 농활팀 생활 수칙에는 "평가 시간에 졸지 말 것", 그래서 고개를 숙이기만 해도 혼났다고 하는데, "거머리가 있어도 과감히 논에 들어갈 것" 등 세세하고 다양한 사항까지 담겨 있었다.

기상은 오전 6시에 해야 했다. 집에서 가져온 쌀과 부식으로 식사를 하고 작업반장 지시에 따라 오전 7시 30분경부터 작업장에 나갔다. 학생들은 일하랴, 농민과 농촌으로부터 '학습'하랴, 토론하랴, 눈코 뜰 새 없이 바빴다. 문자 그대로 스파르타식 훈련으로 하루 24시간이 거의 빈틈없이 짜였다. 농활에서 농민들과 빚은 제일 큰 마찰은 새참 문제였다.

물론 땀 흘리고 농민들한테 배운다는 점은 1970년대든 1980년대든 같았는데, 이런 청교도적인 윤리 의식은 1980년대에 특히 강하게 드러났다. 예컨대 강원도 같은 경우 학생들의 농활 시기가 옥수수철인데, 옥수수를 따다가 농민들이 '일해줘서 고맙다'고 옥수수를 주면 그것도 절대로 안 먹겠다고 버티는 학생들이 적지 않았다.

농민들은 학생들이 하루 세 끼를 직접 해먹는 것도 서운하고 미안한데 새참까지 거부하는 것을 보고 "학생들이 정을, 인심을 너무 거부한다"고 불만을 토로하면서 "새참 안 먹으려면 오지 마라"라고 화를 내기도 했다. 한 아주머니가 김치를 가져다줬더니, 그것도 돌려보내는 일이 있었다. "이거 먹으면 선배한테 혼나요"라고 울먹이면서 돌려보낸 것이다. 한 대학 국문과 학생들의 농활에서는 밤 11시에 시작된 학년별 토론에서 격론이 벌어졌다. 농민과 거리감이 생기게 될 바에는 무엇 때문에 농활을 하느냐며 농민들이 주는 것을 받자는 주장과, 원칙 고수파의 끝없는 논쟁이었다. 한 학생팀의 경우 농활 나흘 만에야 미숫가루 먹는 것이 허용됐다.

—— 전두환 정권이 농민과 학생의 연대를 곱게 볼 리가 없지 않았나.

정부는 학생들의 공장 취업을 아주 두려워했듯이 농활에 대해서도 탄압으로 나왔다. 이 때문에 곳곳에서 당국의 '저지'와 학생들의 '강행'으로 파란이 초래되었다. 학교에서도 가정 통신문을 보냈다. 그것을 읽고 한 부모는 농촌에서 일하고 있는 딸을 끌고 올라왔다. 농촌에서는 워낙 일손이 딸리다 보니까 농활을 반기지 않을 수 없었다. 그래서 당국과 농민·학생 사이에 끼어 있는 마을 이장의 입장이 아주 난처한 경우가 많았다. 그렇지만 이장들은 대개 저렇게 열심히 학생들이 일하기 때문에 안 받아들일 수 없다고 생각했다. 학생들은 당국과 마찰을 피하기 위해 가톨릭농민회와 연계를 가지면서 농촌에 들어갔다. 또 같은 지역을 해마다 또 가기 때문에 당국이 저지하는 데 한계가 있었다.

1985년 7월 가톨릭농민회에서는 '대학생들의 농촌 활동 탄압을 중지하라'는 성명서를 발표했다. "정부는 경찰과 행정 조직을 총동원하여 대학생들의 농촌 활동을 저지한다는 방침을 세우고, 모든 간악한 수단을 동원하여 농촌에 들어가서 활동하고 있는 대학생들을 내쫓고 있다"면서 "당국은 이미 농촌 활동 대학생들을 받아들이기로 했던 농촌의 이장, 새마을 지도자, 부녀회장, 청년회장 등을 불러 압력을 가하고 학생들이 마을에 들어오지 못하도록 하는 동시에 경찰로 하여금 직접 탄압의 선두에 서도록 하고 있다. 나아가서 TV는 농촌 활동에 대해 반란 음모라도 일으키려고 하는 것처럼 왜곡 선전하고, 농촌 활동을 하려고 하는 사명감에 불타는 우리의 청년들을 불순분 자로 매도하는 만행을 저지르고 있다"는 내용이었다.

학생들의 농활은 농촌 문화를 일으키는 데에도 일정한 기여를 했다. 1970년대에 새마을운동 같은 것을 통해 농악 같은 것이 많이 없어지고 그랬는데, 학생들이 들어가서 농악 등 농촌 문화를 다시 살리는 활동을 한 지역도 생겨났다.

농활이 끝났을 때 한 농민은 학생들에게 이렇게 얘기했다고 한다. "학생들은 졸업하면 출세가 빠르고 사회 지위가 높을 겁니다. 절대다수의 어려움을 자기 아픔으로 여기지 못하고 우리를 무시하고 묵살하고 짓밟을지도 모르겠습니다. 그러나 농촌에서 체험한 것을 잊지 말고 어디에 있든지 농민의 어려움을 널리 전달하고 농민들을 위하여 일해주길 바랍니다."

• 정부의 탄압과 방해 때문에 학생들이 마을에 들어가지 못하고, 들판에 천막을 친 상태에서 농활을 시작하는 경우도 적지 않았다.

눈물바다 이룬 남북 이산가족 첫 상봉, 그런데 정상 회담은 왜 무산됐을까

6월항쟁의 배경, 네 번째 마당

수해 구호물자 계기로 분위기 바뀐
남북 관계, 정상 회담 논의 급물살

김 덕 련 1984년과 1985년에 남북 관계에서 중요한 일이 연이어 진행됐다. 북한에서 제공한 수해 구호물자가 남한에 내려오고, 남북 이산가족 상봉이 이뤄졌을 뿐만 아니라 정상 회담 논의까지 비밀리에 이뤄졌다. 버마 아웅산 묘소 폭파 사건(1983년) 기억이 생생할 때인데 어떻게 1984~1985년에 그런 일들이 있게 된 것인가.

서 중 석 1980년대에 국내에서 통일 문제에 대한 관심이 커졌다. 1984년에 조직된 민중민주운동협의회와 민주통일국민회의 모두 통일 문제를 중시했고, 이 두 조직이 통합해 1985년에 출현한 민주통일민중운동연합(민통련)도 이름 자체에 통일이 들어간 데서도 드러나듯이 통일 문제를 중시했다. 1983년 6월 30일부터 138일 동안 453시간 45분에 걸쳐 KBS에서 이산가족 찾기 방송을 한 것도 사람들한테 통일 문제에 대한 관심을 크게 갖게 했다.

그러면서 1980년대 중반에 남북 간의 관계도 여러 가지 변화를 보였다. 남북 관계는 자연재해로 인해 새로운 추진력을 얻었다. 1984년 가을에 접어들 무렵 남한에 큰 물난리가 났다. 그해 8월 31일부터 9월 4일까지 비가 엄청나게 쏟아졌다. 폭우에 산사태까지 겹치면서 사망자가 190명, 수재민이 20만 명에 이르렀다. 그해 7월에 집중 호우로 수재가 발생했는데, 그 수해 복구 작업이 마무리되기도 전에 또 폭우가 쏟아져 피해 규모가 아주 컸다. 영호남에서도 상당한 피해가 발생했지만, 피해 규모가 특히 컸던 지역은 서울과 경기도 일대였다. 한강이 역류해 서울 망원동 일대가 물에 잠긴 게 바로 이때다.

「물바다」風納·城內洞

1984년 9월 3일 자 동아일보 1면에 실린 사진. 서울시 강동구 풍납동, 성내동 일대가 물에 잠겨 있다.

이렇게 큰 수해가 발생하자 북한이 남한에 구호물자를 전달하겠다고 제안했다. 그런데 놀랍게도 전두환 정권이 이 제의를 받아들였다. 놀랍다고 얘기할 수 있는 건, 그 전해에 아웅산 묘소 폭파 사건이 있었는데도 수해 구호물자 전달 제안을 받아들였기 때문이다. 그래서 많은 사람이 놀라운 일이라고 생각했다. 북한의 구호물자 전달 제안을 전두환 정권이 받아들이면서 남북 관계는 '남북 정상 회담을 하자'고 논의하는 수준까지 진전됐다.

── 이때 북한은 남한에 쌀, 시멘트, 의류, 의약품 등을 전달했다. 남

네 번째 마당

위: 1984년 9월 30일 북한의 수해 구호물자가
인천항을 통해 도착했다.
아래: 북한이 남한에 제공한 쌀.
사진 출처: e영상역사관

1984년 9월 30일 남북 적십자사 물자 교환 때 남한을 방문한 북측 취재진. 사진 출처: e영상역사관

북 관계에서 이런 일은 한국전쟁 이후 처음 있는 현상이었다. 그 후 정상 회담 논의, 어떻게 진행됐나.

북한의 수해 구호물자가 남한에 도착하고 나서 얼마 후인 1984년 12월 26일 임창영이 평양을 방문해 김일성과 장시간 면담을 했다. 임창영은 장면 정부 때 유엔 주재 대사를 한 사람인데, 1961년 5·16쿠데타가 일어나자 귀국을 포기하고 미국에 머물렀다. 이 사람은 1970년대에 미국에서 반박정희 운동을 강도 높게 폈을 뿐만 아니라 북한에 호의적인 발언을 하기도 해서 친북 세력으로 매도당하기도 했다. 그러한 임창영이 이제는 전두환의 밀사로 김일성을 찾아간 것이다. 이 자리에서 임창영이 남북 정상 회담을 제의하자 김일성은 즉각 동의했다.

그러나 이때는 남북 정상 회담이 실현되지 못했다. 그 후 1985년 5월에 들어와 남쪽에서는 안기부가 주무 부처가 되면서 다시 남북 비밀 접촉이 이뤄지게 된다. 이때 안기부장은 장세동이었다. 장세동은 청와대 경호실장을 하다가 1985년 2·12총선 직후 안기부장으로 자리를 옮겼는데, 그해 5월 장세동은 남북 관계와 관련해 안기부가 모든 일을 준비하고 시나리오를 짜야 한다고 강조했다.

1985년 남북 정상 회담 논의 과정은 박철언의 《바른 역사를 위한 증언》에 상세히 나온다. 박철언은 이때 안기부장 특보였는데, 안기부가 남북 비밀 회담의 남쪽 실무를 맡게 될 때 외교안보연구원 연구위원 자격으로 남북 비밀 접촉의 수석대표를 맡았다. 북쪽 수석대표를 맡은 사람은 1970년대에 유엔 대표부 대표와 외교부 부부장을 지낸 한시해였다.

박철언과 한시해는 1985년 7월 11일 판문점 남측 지역인 평화의 집에서 처음으로 만났다. 이 자리에서 박철언 등 남측 대표단은 최고위급 회담을 제의했으나 북한 대표단은 선뜻 응하지 않았다. 북한 대표단은 정상 회담을 하기 전에 두 정상이 논의할 의제, 회담 후 발표할 선언 내용 등을 미리 정해놓자는 태도를 취했다.

7월 26일에는 박철언이 판문점 북측 지역인 통일각으로 가서 한시해와 두 번째 회담을 가졌다. 8월 9일 박철언이 한시해와 세 번째 비밀 회담을 했는데, 이 자리에서 이산가족 고향 방문단과 예술 공연단의 상호 방문에 대해 북측으로부터 긍정적인 반응을 얻어냈다. 고향 방문단과 예술 공연단의 상호 방문 문제는 공개 회담인 적십자 회담에서 난항을 겪던 사안인데, 이 비밀 접촉 자리에서 큰 틀에서 사실상 합의를 봤다고 박철언은 밝혔다. 그 후 8월 22일에 열린 남북 적십자 실무 회담에서 고향 방문단과 예술 공연단의 상호 방문에 공식 합의하게 된다.

"어마니~", 눈물바다 이룬
분단 후 첫 남북 이산가족 상봉

—— 분단 후 공식적으로 처음 이뤄진 남북 이산가족 상봉, 분위기는 어떠했나.

그해 9월 20일 오전 9시 30분 판문점 군사 분계선을 넘어 북측 고향 방문단 50명, 예술 공연단 50명, 취재 기자 30명, 지원 인원 20명, 대표 1명, 총 151명이 3박 4일 일정으로 서울에 왔다. 똑같은 인원 151명이 남쪽에서 평양에 갔다. 지원 인원 20명의 경우 남한이나 북한이나 주로 정보 기관 사람들이었다.

남북 고향 방문단은 9월 21일과 22일, 이렇게 두 차례 가족과 상봉했다. 북한으로 가족을 만나러 간 지학순 주교는 월남하기 전에 교회를 다녔던 누이를 만났고, 박정희 정권 때 내무부 장관을 한 홍성철도 누나를 만났다. 북한의 인민 배우 김세영은 서울에서 한 살 때 헤어진 딸 김민희를 만났다.

남북 간에 혈육이 분단되고 처음으로 만나면서 수많은 일화, 눈물의 장면이 언론에 대서특필됐다. 특히 북한에서 농업대 교수라는 54세의 서형석이 83세의 어머니 유묘술을 만나는 장면이 사람들의 가슴을 울렸다. 귀와 눈이 어두워진 노모는 처음에는 아들인지도 잘 알아보지 못하고 돌부처처럼 멍하니 앉아 있었다. 흐느껴 울던 아들

위: 1985년 9월 20일 판문점을 통해 북쪽으로
올라가는 남측 예술단. 사진 출처: e영상역사관
아래: 1985년 9월 20일 군사 분계선을 넘어 남쪽으로
내려온 북측 예술단. 사진 출처: e영상역사관

6월항쟁의 배경

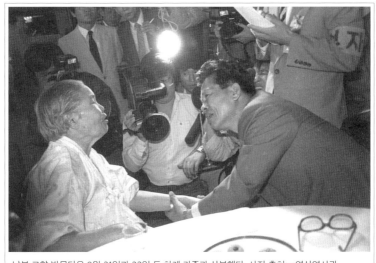
남북 고향 방문단은 9월 21일과 22일 두 차례 가족과 상봉했다. 사진 출처: e영상역사관

이 어머니 귀 가까이에 입을 대고 큰소리로, 귀가 어두우니까, "어머니, 맏아들 형석이가 왔어요"라고 외쳤다. 그렇게 소리쳤는데도 어머니는 그 소리를 듣지도, 아들을 알아보지도 못하는 모습이었다. 그러자 아들은 왼쪽 눈 가장자리 흉터를 어머니에게 보여주면서 이렇게 말했다. "어마니, 어려서 돌 장난을 하다가 다친 흉터가 이것이지요. 이 상처를 고치느라고 어머니가 무척 고생하셨었지요." 마침내 어머니의 두 눈에 눈물이 조용히 글썽거렸다.

유묘술-서형석 모자의 이러한 모습을 여러 신문에서 찍어 크게 보도했는데, 그중에서도 특히 한국일보 1면에 아주 크게 난 사진이 인상적이었다. 서형석이 "어마니" 하면서 유묘술을 붙잡고 울부짖는 모습을 포착한 사진이었다. 이것은 분단의 비극 또는 분단의 아픔과 남북 이산가족 상봉을 상징하는 대표적인 사진으로 그 후 여러 책이라든가 언론에 계속 오르내렸다.

고향 방문단의 일원으로 평양에 갔지만 가족을 못 만난 경우도 있었다. 조만식선생기념사업회 회장이던 71세의 박재창도 그중 한 사람이었다. 이 사람은 1951년 1·4후퇴 때 고향을 떠났는데, 그때 고향 집 장독대에 올라서서 '어서 가라'며 손을 흔들던 어머니를 34년 만에 만나기 위해 평양에 갔다. 그렇지만 92세 노모의 생사조차 확인하지 못하고 되돌아와야 했다. 박재창은 대동강 강물과 평양 땅의 흙 한 줌을 가지고 쓰라린 가슴으로 내려왔다.

9월 23일 낮 12시, 똑같은 시간에 남측 고향 방문단, 예술 공연단 등 151명과 북측 151명이 군사 분계선을 통과했다. 3박 4일, 75시간 동안 열렸던 단절의 땅은 그렇게 또 막혔다. 양측 적십자사에서는 다시 만날 기회를 갖자고 다짐했지만, 다음 번 이산가족 상봉은 15년 후에야 이뤄지게 된다.

전두환-김일성 정상 회담이 실현되지 못한 이유

── 다시 정상 회담 부분으로 돌아가면, 8월 9일 박철언-한시해 라인의 세 번째 비밀 회담 후 정상 회담 논의는 어떻게 진행됐나.

1985년 9월 4일 조선노동당 중앙당 비서, 조국평화통일위원회 위원장이라는 고위직에 있는 허담이 특사로 한시해 등과 함께 내려왔다. 허담 일행은 9월 5일 최원석 동아건설 회장 별장에서 전두환을 만나 김일성의 친서를 전달했다.

김일성의 친서에는 "전두환 대통령의 평양 방문 초청에 대한 긍정적 반응을 높이 평가한다"며, 이건 정상 회담을 열자고 그전에 남측에서 제안한 그 부분을 가리키는 건데, 평양에서 정상 회담을 개최했으면 한다는 내용이 담겨 있었다. 그러니까 평양을 방문하라고 초청하는 친서였다. 북한에서도 남북 정상 회담에 찬성한다는 것을 허담을 통해 전달한 것이다. 정상 회담 시기에 대해 김일성은 가능한 한 빠른 시기에 실현되기를 희망하며 회담 준비 사업이 진척되면 연내에도 가능하다고 밝혔다. 허담은 장세동 안기부장과 면담하는 자리에서도 "금년 내에 정상 회담을 실현시키기 위해서는 사전 준비가 급하다"고 강조하면서 남측의 조속한 평양 방문을 촉구했다. 정상 회담 장소를 평양으로 기정사실화하려고 한 것이다.

10월 16일에는 장세동 안기부장과 박철언 등이 군사 분계선을 넘어 평양에 갔다. 장세동은 김일성에게 전두환의 친서를 전달했다. 전두환은 그 친서에서 남측의 정상 회담 제의를 수락한 김일성에게 경의를 표하면서 정상 회담 의제와 관련해 공동 성명 채택, 불가침 선언 등에 대해 언급했다. 장세동, 박철언 일행이 서울로 돌아온 10월 18일 북한은 약속대로 제2계영호의 송환을 발표했다. 제2계영호는 백령도 근해에서 홍어를 잡다가 북한에 나포된 어선인데, 장세동 일행이 이 얘기를 꺼내자 북측에서는 이 배를 남쪽으로 보내주겠다고 밝히고 18일 그것에 관한 발표를 한 것이다.

─── 전두환-김일성 정상 회담은 실현되지 않았다. 한참 이야기가 오갔는데 어찌하다가 무산된 건가.

전두환 회고록에 따르면 김일성은 장세동 일행에게 '북과 남 사이의 불가침에 관한 선언'과 '평화 통일에 관한 북남 공동 강령'이라는 두 문건을 건넸다고 한다. '공동 강령' 문안에는 정상 회담 개최 시기를 '1985'로 기재해놓았다. 그래서 남한 측 "관계관들은 이르면 1985년 내에, 늦어도 1986년 상반기쯤에는 정상 회담이 열릴 수 있을 것으로 전망했다"고 전두환 회고록에 쓰여 있다.

장세동 일행이 평양에서 돌아오고 나서 이틀 후인 10월 20일 새벽 북한 무장 간첩선 한 척이 부산 청사포 앞바다에서 침투하다가 남한 군에 의해 격침되는 사건이 일어났다. 방송과 신문에서는 이걸 대대적으로 보도하면서 북한을 맹렬히 비난했다. 이것에 대해 박철언은 "권력 핵심 쪽에서 언론에 그런 방향의 뉘앙스가 전달된 듯했다"고 썼다.

여기서 권력 핵심이라는 건 전두환 쪽을 가리키는 것 같다. 간첩선 격침 사건 발생 후 열흘이 지난 10월 30일 박철언이 장세동과 함께 남북 정상 회담 관련 사항을 보고했는데, 이때 전두환은 정상 회담에 대해 부정적으로 반응했다. 그러면서 "간첩선 사건은 끝까지 물고 늘어져야 한다"며 비밀 회담 대표인 박철언한테도 강경하게 대응하라고 지시했다. 이어서 전두환은 "이제는 정상 회담을 성사시키려고 노력하지 마라"고 말했다.

이것으로써 남북 간 물밑 접촉을 통해 정상 회담을 열려는 노력은 사실상 끝을 맺게 된다. 박철언은 전두환 정권 내부의 친미 일변도, 극우적 흐름이 전두환한테 강하게 전달됐다는 생각이 들었다고 하면서 그런 인물로 노신영 국무총리, 이원경 외무부 장관, 이규호 청와대 비서실장, 허문도 정무1수석을 꼽았다. 전두환 회고록에는 이들 외에 박동진 통일원 장관이 더 들어 있다. 그 이후에도 남북 간 비밀 접촉이 몇 번 더 이뤄지고 박철언이 1986년에 다시 평양에 가기도 하지만, 1985년에 논의됐던 수준으로 나아가지는 못했다.

남북 정상 회담 추진에 담긴
전두환 정권의 정치적 노림수

── 아웅산 묘소 폭파 사건 이듬해에 남북한이 수해 구호물자를 주
고받고, 1985년에는 특사와 친서를 주고받으며 정상 회담 논의
까지 진행한 것은 분명히 이례적인 일이었다. 전두환 정권과 김
일성 정권은 각각 무엇을 노리고 1984~1985년에 그러한 일들
을 진행한 것인가.

박정희는 남북 문제, 민족 문제를 오로지 정권 유지, 정권 안보
와 연결시키거나 반공주의로 분단 체제를 강화하는 데 집중했다. 전
두환은 반공주의를 이어받기는 했지만 남북 문제, 민족 문제에서 얼
마간 융통성이랄까 유연성이 있었다. 그와 함께 전두환에게는 즉흥
적 성격이 강한 과단성이 정치적 목적과 결합돼 있었다. 이러한 것들
이 작용해 1984년 북한의 수해 구호물자를 받으면서 임창영을 통해
정상 회담을 타진했고, 그다음 해에 특사를 주고받으면서 정상 회담
을 열려고 하는 데까지 나아갔던 것으로 보인다. 전두환도 1964년 올
림픽이 열린 도쿄에서 신금단 부녀가 만났던 것이 얼마나 많은 사람
의 심금을 울렸는가, 그리고 1972년 7·4남북공동성명이 발표되자 한
국인들이 얼마나 환호작약했는가를 잘 알고 있었다.

북한의 경우 '정상 회담을 하면 우리한테 불리한 것보다 유리
한 게 많다. 7·4남북공동성명의 대원칙 하에서 남북 정상 회담을 할
경우 우리가 유리한 입장에 설 수 있다', 이런 자신감을 갖고 있었던
것이 작용한 것으로 보인다. 물론 남북 문제, 민족 문제를 정치적으
로 이용하려는 점도 있었을 것이다. 김일성이 '더 이상 남북 관계 개

선이 늦춰져서는 안 된다'거나, '남북 관계 개선이 북한의 폐쇄성이나 경제적 곤경을 타개하는 데 도움을 줄 수 있다'고 사고했는지를 밝혀 줄 수 있는 자료는 나오지 않고 있다. 7·4남북공동성명 때도 그렇고 그 이후에도 보면 북한은 남북 관계에서 적극적인 대응을 하는 경우가 많았다.

전두환 정권이 남북 정상 회담까지 한때나마 추진한 것은 앞에서 말한 것처럼 정치적 목적과 떼어놓고 생각하기 어렵다. 전두환의 밀사 임창영이 김일성과 만난 1984년 12월은 2·12총선을 앞둔 때였고, 1985년에 남북 비밀 접촉을 진행한 건 2·12총선 이후 개헌 정국으로 가고 있는 것에 대비한 조치라는 측면을 결코 무시할 수 없다고 본다.

그런데 정상 회담 가능성이 있었는데도 중도에 전두환이 더 이상 추진하지 않았는데, 정상 회담이 가져다줄 정치적 이익이 크다고 생각하지 않았던 것 같다. 민족 문제, 남북 문제에 대해 나름대로 정치 철학이나 소신이 있어야 정상 회담이라는 엄청난 일을 해낼 수 있는데, 전두환에게는 그러한 정치 철학이 없었다. 전두환 회고록에 왜 막판에 와서 정상 회담을 포기했는지 중언부언 길게 늘어놓기는 했으나 핵심이 없다. 이런 기록은 있다. "적대국 간에는 한편으로는 전투를 하면서 또 다른 한편에서는 협상을 하고 그러는 것 아닌가. 간첩선 한 척이 침투한 사건 때문에 양쪽 최고 책임자가 상호 특사까지 접견했던 협상을 깨버린다는 것이 납득하기 어려웠을 것이다."

─── 특사가 남북을 오가며 정상 회담 문제를 논의한 사례가 1985년 이전에는 없었나. 박정희 정권 때에는 어떠했나.

박정희 정권 때에도, 그러니까 7·4남북공동성명 무렵에도 북한에서 그 부분을 꺼낸 적이 있다. 1972년 5월 이후락 중앙정보부장이 평양에 갔을 때 김일성은 이후락에게 박정희와 정상 회담을 할 용의가 있음을 내비쳤다. 그렇지만 박정희는 7·4남북공동성명도 유신 체제로 가기 위해 합의해주었을 뿐이었고, 7·4남북공동성명으로 통일 열망이 되살아나자 바로 반공주의를 강화할 방책을 모색하라고 지시했다. 그러니 통일의 열망을 크게 되살려놓을 수 있고, 반공주의를 크게 약화시킬 수 있는 남북 정상 회담에 지극히 냉담한 반응을 보일 수밖에 없었다.

이와 관련해 생각해볼 것이 7·4남북공동성명의 근거를 불확실하게 해놓았다는 점이다. 박정희, 김일성이 서명한 게 아니다. 서명자 부분을 보면 "서로 상부의 뜻을 받들어 / 이후락 김영주", 이렇게 돼 있다. 정식 국호도, 서명자들의 직책도 안 넣었고 문구도 애매모호하게 해놓았다. 그래서 7·4남북공동성명에 남북이 합의한 건 틀림없고 박정희도 합의해준 건 틀림없지만, 공식성이라는 점에서 문제가 있고 이것이 공동 성명의 격을 떨어뜨린 점은 분명하다.

한 가지 덧붙이면, 1984년 말과 1985년에 남북 정상 회담을 위한 비밀 접촉이 있었다는 사실이 세상에 알려지기까지는 적잖은 시간이 걸렸다. 이 사실이 드러나기 전에는, 1985년 이산가족 상봉을 예로 들면 남북 적십자사 회담에서 합의를 이뤘다는 식으로 글을 쓰고 그랬다. 박철언과 한시해 간의 비밀 회담에서 그 문제에 대해 큰 틀에서 사실상 합의를 보고 그다음에 적십자 실무 회담에서 공식 합의를 했던 것인데, 비밀 접촉 부분을 잘 몰랐기 때문에 그렇게 썼던 것이다. 그 시기의 남북 비밀 접촉과 정상 회담 논의 과정에 대한 상세한 사항은 박철언의 책, 돈 오버도퍼의 책 같은 게 나오면서 많이 알려지게 된다.

광주 학살에 대한 미국 책임을
전면에 부각한 미국 문화원 점거 농성

6월항쟁의 배경, 다섯 번째 마당

김 덕 련 1985년 2·12총선 후 서울 중심부에서 미국 문화원 점거 농성 사건이 일어났다. 세간의 관심을 모았을 뿐만 아니라 광주항쟁 진상 규명을 위한 노력에도 영향을 끼친 이 사건을 짚어봤으면 한다.

서 중 석 1985년 5월 23일 미국 문화원 점거 농성 사건이 일어났다. 이 사건은 1982년 3월에 있었던 부산 미국 문화원 방화 사건과는 또 다르게 한국 사회에 많은 충격을 주고 화제를 낳았다.

'학생들에게 2·12총선은 학생들이 일으킨 선거 혁명이었다', 조금 과장해서 얘기하면 그렇게 표현할 수 있을 정도로 학생들은 이 선거에 적극 참여했다. 2·12총선은 학생 운동에도 큰 영향을 줬다. 총선이 끝나고 새 학기가 시작된 지 한 달 조금 지나 4·19를 이틀 앞둔 그해 4월 17일 전국학생총연합(전학련)이 조직됐다. 5월 7일에는 전학련 산하 조직으로 '민족 통일 민주 쟁취 민중 해방 투쟁위원회', 이 시기 학생 운동 단체는 이름이 길어서 부르기가 힘든데, 일명 삼민투가 조직됐다. 미국 문화원 점거 농성을 주도한 것으로 알려지며 일약 유명해지는 조직인데, 일각에는 그렇지 않다는 의견도 있다. 삼민투 차원에서 조직적으로 점거 농성을 주도했다기보다는 각 대학의 투쟁위원회에서 연합해 투쟁을 진행했다는 주장이다.

4·19를 맞아 학생들은 전학련 주최로 독자적인 기념식을 연 후 시위를 벌였다. 이날 집회, 시위를 한 32개 대학의 학생 361명이 경찰에 연행됐다. 5월에는 1980년 광주항쟁의 진상을 밝히고 학살 원흉을 처단할 것을 요구하는 오월 투쟁이 각 대학에서 전개됐다. 5월 17일에는 전국 80개 대학에서 광주의 진실을 밝히고 책임자를 처벌하라고 요구하며 시위를 벌일 정도였다. 그런 속에서 5월 23일 미국 문화원 점거 농성 사건이 일어난다.

"광주 학살 지원 책임지고 사과하라"
미국 문화원 기습 점거한 학생들

── 점거 농성은 어떻게 전개됐나. 학생들은 무엇을 요구했나.

1985년 5월 23일 자 동아일보를 보자. 사회면 사이드 톱으로 이 사건을 다뤘는데, 낮 12시께 100여 명의 학생이 미국 문화원 앞을 지키던 전경들에게 돌을 던지고 순식간에 들어와서 2층 도서실을 점거하고 출입문에 바리케이드를 쌓았다고 보도했다. 100여 명이라고 보도됐지만, 실제로는 그보다 적었다. 미국 문화원을 점거한 사람들은 서울대, 연세대, 고려대, 성균관대, 서강대 학생 73명이었다.

미국 문화원을 겨냥한 움직임은 그전에도 있었다. 우선 1980년 12월 광주에서 미국 문화원 방화 사건이 일어났다. 1982년 3월에 있었던 부산 미국 문화원 방화 사건은 전두환·신군부 정권에 의한 일방적인 공안 몰이로 TV와 신문에 엄청 크게 보도된 바 있었다. 1983년 9월 22일 밤에는 대구 미국 문화원 정문 앞에서 강력한 폭발물이 터져 1명이 사망하고 4명이 중경상을 입는 사건이 발생했는데, 1985년 미국 문화원 점거 농성 사건이 일어날 때까지 범인을 잡지 못한 상태였다.

미국 문화원을 점거한 학생들은 무엇을 요구했느냐. 학생들은 점거 후 '우리는 왜 미 문화원에 들어가야만 했나'라는 유인물을 뿌렸다. 그리고 농성을 벌이면서 "광주 학살 지원 책임지고 미국 행정부는 공개 사과하라", "미국은 전두환 군사 독재 정권에 대한 지원을 즉각 중단하라", "미국 국민은 한미 관계의 올바른 정립을 위해 노력하라" 등을 요구했다. 그러면서 국민 대토론회를 열자고 제의했다.

1985년 5월 23일 서울 지역 5개 대학 73명의
학생들이 서울 미국 문화원을 점거했다. 학생들은
농성을 벌이면서 "광주 학살 지원 책임지고 미국
행정부는 공개 사과하라", "미국은 전두환 군사 독재
정권에 대한 지원을 즉각 중단하라" 등을 요구했다.
사진 출처: 경향신문

다섯 번째 마당

또한 주한 미국 대사 면담과 내외신 기자 회견을 보장하라고 요구했다. 하나하나가 전두환·신군부에게는 대단히 충격적인, 대담한 주장이었다.

전두환도, 미국 쪽도 시위 학생들을
멍하니 쳐다볼 수밖에 없었다

── 이 사건이 커진 이유는 무엇인가. 전두환의 성격을 봐도 그렇고 광주 학살까지 자행한 전두환·신군부의 특성을 보더라도 바로 진압 명령을 내릴 법한데, 그런 움직임이 없었던 점도 눈에 들어온다.

미국 문화원 점거 농성 사건이 발생하자 국내 신문이 연일 대대적으로 보도했고, 외신 기자들도 몰려와서 크게 보도했다. 그리고 미국 문화원이 이때는 을지로 1가, 그러니까 지금의 롯데호텔 건너편에 있었다. 서울 시내에서도 그야말로 한복판이라고 할 만한 곳 아닌가. 거기서 72시간이나 점거하고 있었기 때문에 큰 사건이 될 수밖에 없었다.

전두환 정권으로서는 치안에 커다란 허점을 드러내며 큰 타격을 입었지만, 그렇다고 특공대를 투입할 수도 없었고 달리 손쓸 방법도 없었다. 미국이 특공대 투입 같은 것을 용납할 수 없었기 때문이다. 미국으로서도 이 사건이 워낙 큰 뉴스가 돼버렸을 뿐만 아니라 자신들의 아주 큰 약점인 광주 학살 책임을 묻는 것이었기 때문에도, 또 학생들이 들어와서 농성하는 것이었기 때문에도 폭력적으로 대응

할 수만은 없었다.

그렇게 되면서 전두환 정권이건 미국 쪽이건 멍하니 쳐다볼 수밖에 없었다. 독재자 전두환의 분노는 하늘 끝까지 치솟았지만, 학생들이 미국 문화원에서 나올 때까지 아무런 대응책을 세울 방도가 없었다.

그런 속에서 대학가에서는 미국 문화원 점거 농성을 지지하는 시위와 농성이 전개됐다. 24일부터 25일 아침까지 서울대를 비롯한 전국 17개 대학에서 교내·외 시위가 벌어졌고 일부 대학에서는 철야 농성을 했다. 이 중 서울대생 200여 명이 사당동 쪽으로 나와서 화염병을 던져 경찰의 포니 승용차를 전소시켰고, 그러면서 30여 분간 교통이 마비되기도 했다.

광주 학살에 미국 책임 묻자
20사단 투입을 "사후 승인"했다고 답변

── 강제로 끌어내기 어려운 상황이었던 만큼 미국 측은 학생들에게 농성을 풀도록 종용하는 방법을 택했다. 학생들과 미국 측 사이에 어떤 이야기가 오갔나.

학생들은 "우리가 반미를 내건 것은 결코 아니다", "우리는 미국의 잘못을 지적하고 사과를 받으려 할 뿐이다"라고 밝혔다. 그러면서 광주 학살에 대한 미국의 책임을 물었다. 학생들은 주한 미국 대사관 정치 담당 참사관 던롭을 만났을 때 '미국이 광주사태를 묵인한 것 아니냐'고 지적했다. 그러자 던롭 참사관은 "미 8군에서는 (1980년)

1985년 5월 25일 자 동아일보. 당시 학생들은 점거 농성에 돌입한 후 소금물만 마시면서 계속 단식하고 있었다. 그러면서 농성 3일째인 25일에는 대부분의 학생이 탈진한 상태라고 언론은 보도했다.

5월 22일 한국군 참모총장의 요청을 받고 그 사단의", 이건 1980년 5월 20일 광주 투입이 결정돼 21일 아침 광주에 도착한 20사단을 가리키는데, "광주 투입 요청을 사후 승인해줬다"고 답변했다.

전에 광주항쟁을 다룰 때 말한 것처럼 20사단 이동은 미국의 허가를 받을 필요가 없고 그쪽에 통보만 하면 되는 사항이었다. 그런데 많은 한국인들뿐만 아니라 광주항쟁 당시 주한 미국 대사였던 글라이스틴도, 주한 미군 사령관이었던 위컴도, 미국 국무부나 국방부도 그 부분을 정확히 파악하지 못하고 한국 쪽의 20사단 광주 투입 요청을 자신들이 승인 혹은 동의했다고 생각한 것으로 돼 있다고 내가 얘기하지 않았나. 1985년 이때에도 미국 측은 학생들한테 자신들이 "사후 승인해줬다"고 표현했다.˚

학생들은 25일 아침 미국 대사관 쪽과 대화를 마친 후 '24일까지

1985년 5월 26일 자 동아일보 호외. 26일 학생들이 점거 72시간 만에 농성을 풀었다는 소식을 보도하고 있다.

의 회담 결과'라는 제목의 성명서를 발표했다. 여기서 학생들은 "광주사태에 대해 한국군의 작전 지휘권을 갖고 있는 한미 연합사령관이 당시 출동 부대의 출동 목적이 광주사태 진압에 있음을 알면서도 출동을 승인한 것은 광주사태에 대한 간접적 지원"이라고 주장했다.

당시 학생들은 점거 농성에 돌입한 후 소금물만 마시면서 계속 단식하고 있었다. 그러면서 농성 3일째인 25일에는 대부분의 학생이 탈진한 상태라고 언론은 보도했다.

이와 관련, 주한 미국 부대사 클리블랜드는 1985년 5월 24일 이민우 신민당 총재를 만났을 때 이 문제에 대해 "1980년 5월 22일 …… 광주 일원의 치안 확보를 위해 파견, 광주시 외곽을 경비하도록 허가했다"고 밝혔다. "사후 승인"과 일맥상통하는 "허가"라는 표현을 쓴 점이 눈에 들어온다.

광주 학살 책임자 처벌과 미국의 책임 문제,
미국 문화원 점거 농성 계기로 크게 부각

—— 학생들이 점거 농성을 푼 계기는 무엇인가.

1985년 5월 27일 자 신문에 1면 톱으로 '북적 대표단, 12년 만에 서울 오다'라고 보도됐다. 남북 적십자 회담을 위해 북한 적십자사 대표단이 온다는 얘기였다.

그 전날인 26일 낮 12시 5분에 학생들은 농성을 풀었다. 농성을 해제하면서 학생들은 "광주사태에 대한 미국 측 책임 인정과 사과를 요구했으나 미국 측의 태도로 보아 미국 문화원 농성을 통한 문제 해결의 한계성을 느꼈고, 27일에 있을 남북 적십자 회담을 고려해 농성을 끝낸다"고 발표했다. 이건 참 잘했다고 본다. 농성을 끝내는 이유를 잘 잡아냈고, 적절한 시기에 물러난 것도 잘했다.

학생들은 미국 문화원에서 나오면서 "광주사태 책임자는 물러가라", "미국은 공개 사과하라", "미국은 현 정권에 대한 지원을 중단하라"고 소리 높이 외쳤다. 이들이 '독재 타도'라는 문구가 적힌 머리띠를 이마에 두르고 질서 정연하게 나오면서 구호를 외치자, 경찰이 순식간에 학생들을 둘러싸고 버스 쪽으로 밀어붙였다. 학생들은 구호를 외치며 버스에 타기를 거부했다. 그러자 건장한 사복 경찰들이 학생들의 머리를 마구 잡아당기고 팔을 비틀어서 버스에 강제로 태웠다. 학생들은 버스에 탄 후에도 버스 창문을 두드리며 구호를 계속 외쳤다.

미국 문화원 점거 농성을 한 학생들은 그 후 공판 과정에서도 투쟁을 멈추지 않았다. 재판을 받기 위해 법정에 들어갈 때에도, 법정에서 나올 때에도 "독재 타도", 그리고 광주 학살 책임자 처벌 및 광주 학살에 대한 미국의 책임을 묻는 구호를 계속 외쳤다.

─── 미국 문화원 점거 농성 사건은 어떤 영향을 끼쳤나.

이 사건으로 학생 운동에 대한 국민들의 반향이 달라졌다. 그리고 광주 학살 책임자 처벌 문제와 광주 학살에 대한 미국의 책임 문제가 크게 부각됐다. 농성 해제 4일 후인 5월 30일에는 신민당이 소속 의원 103명 전원의 이름으로 '광주사태 진상 조사를 위한 국정 조사 결의안'을 국회에 제출했다. 어느 것이나 전두환·신군부를 난처하게 만들었다. 미국 문화원 점거 농성 사건으로 삼민투나 이 사건에서 대표자 역할을 한 함운경의 인기가 높았던 것도 당시의 분위기를 잘 말해준다.

학생들이 자진해서 농성을 풀었으나, 한미 간 외교 문제로까지 비화돼 난처한 입장에 빠졌던 전두환 정권은 대책을 강구하기에 이르렀다. 농성에 참가한 학생 중 25명을 구속하고 43명을 구류 처분하는 한편 일종의 보복책으로 학원안정법을 구상했다.

• 학생들을 태운 버스는 일단 병원으로 향했다. 경찰은 이들이 있는 병원의 철문을 닫고 다른 환자들의 출입까지 막았다. 교통사고로 의식을 잃은 중환자를 실은 구급차도 들어오지 못하게 막고 다른 병원으로 보내기도 했다. 한편 동아일보에 따르면 학생들이 실려 간 병원의 한 간호사는 이렇게 말했다. "(비상 대기하느라) 간밤에 고생했던 것을 생각하면 화가 났지만, 학생들이 기운이 없고 초췌한 모습을 보니 안됐다는 생각이 먼저 들었다. 대부분의 학생들이 '밥 많이 주세요'라고 말할 때 가슴이 아팠다."

전두환 정권의 보복책, 학원안정법 구상
…박정희 정권의 학원보호법과 닮은꼴

── 전두환 정권이 구상한 학원안정법의 주요 내용은 무엇인가.

　　1964년 굴욕적 한일 회담에 반대하는 6·3 시위가 크게 일어났을 때 박정희 정권은 학원보호법이라는 법을 제정하려다가 각계의 맹렬한 반대에 부딪혀 보류한 적이 있었다.° 21년 만에 전두환 정권은 학원안정법이라는 이름으로 그런 일을 또 하려 했다. 박정희 정권 때에 공화당 의원이었고 1985년 이때에는 국민당 의원이었던 이만섭은 학원안정법이 박정희 정권의 학원보호법안과 다를 바가 없었다고 설명했다.

　　학원안정법 시안을 보면, 문교부에 학생선도교육위원회를 설치해 학원 안정을 해칠 가능성이 있다고 판단되는 학생에게 6개월의 범위 내에서 선도 교육을 실시할 수 있게 돼 있다. 또한 심사를 위해 필요하다고 인정될 때에는 선도 교육을 하기 전에 법원이 15일의 범위 안에서 그 학생을 일정한 장소에 보호, 위탁할 수 있다고 돼 있다. 말이 보호, 위탁이지 이건 재판 없이 15일이나 감금하겠다는 것과 마찬가지였다. 일정한 기간 동안 삼청 교육과 같은 방식으로 이른바 순화를 시키겠다는 발상에서 나온 법이었다.

　　미국 문화원 점거 농성 사건에 화가 끓어오른 전두환 정권이 내

° 당시 공화당이 제출한 법안의 핵심은 학생과 교원의 정치 활동 관여를 금지한다는 것이었다. 법안에 따르면 학생 시위는 물론 정치 문제에 대해 학내에서 토론하는 것도 위법이었다.

놓은 대책, 사실은 보복이었는데, 그러한 대책으로 나온 학원안정법에 반대하는 투쟁이 거세게 일어났다. 유신 체제 때부터 해직 교수의 길을 걸어온 안병무, 김성식, 이효재 등 여러 교수들은 학원안정법 제정 저지 서명 운동을 펴면서 이렇게 절규했다. "제자들의 일부를 수용소에 인계하고 남은 학생들 앞에 우리는 과연 어떻게 설 것이며, 또 가사 '선도'된 학생들이 학원에 돌아왔을 때 우리는 무슨 낯으로 저들을 대할 것인가."••

각계의 강한 반대에 직면했을 뿐만 아니라 민정당 내부에서도 '이건 문제가 있다'는 의견이 나오자 전두환 정권은 8월 17일 긴급 당정 회의를 통해 일단 보류하기로 했다. 이러한 학원안정법 사태에 이어 김근태 고문 사건이 일어나게 된다.

•• 이들과 달리, 1985년 8월 16일 문교부가 주최한 전국 대학 총·학장 회의에 참석한 134명은 '학원안정법의 근본 취지에 원칙적으로 찬동한다'는 내용의 결의문을 박수로 채택했다. 그에 앞서 민정당 원내총무 이세기는 8월 7일 "학원안정법은 마치 괴물이나 되는 것처럼 잘못 인식돼 있으나 사실은 순진한 양 떼를 지키는 목동 같은 법"이라고 강변해 빈축을 샀다.

'고문 왕국' 남영동 대공분실, 끔찍한 고문 폭로한 김근태

6월항쟁의 배경, 여섯 번째 마당

고문 위에 세워진 박정희·전두환 정권
…왜 김근태를 혹독하게 고문했나

김 덕 련 1985년 김근태가 고문 실상을 폭로했다. 정권 차원에서 고문을 밥 먹듯이 자행한 탓에 그 피해자가 무척 많았는데, 그 가운데 김근태의 경우 자신이 당한 고문의 전모를 낱낱이 드러내 주목을 받았다. 전두환 정권, 더 나아가 극우 반공 체제의 본모습을 그대로 보여준 고문 문제를 짚었으면 한다. 먼저 전두환 정권은 왜 김근태를 그토록 심하게 고문한 것인가.

서 중 석 박정희 유신 정권이나 전두환·신군부 정권은 고문 위에 세워진 군부 파시즘 정권이었다. 가짜 간첩 사건 만들 때 특히 심했지만, 박정희 유신 정권 못지않게 1980년대에도 무수히 많은 고문 사건이 있었다. 김근태뿐만 아니라 민청련(민주화운동청년연합) 간부 이을호 등 여러 사람이 심한 고문을 당했다. 그것 때문에 이을호는 오랫동안 정신적으로 질병을 앓았다. 또 서노련(서울노동운동연합) 관계자들, 그리고 이른바 용공 좌경 사건에 엮인 수많은 사람이 엄청나게 심한 고문을 당했다.

남영동 대공분실을 중심으로 한 치안본부 대공팀은 중앙정보부-안기부, 보안사와 함께 악명 높은 '고문 왕국'이었다. 전두환 정권에서만도 학림 사건, 전민노련 사건, 부림 사건, 한울회·아람회 사건, 금강회 사건, 오송회 사건 등을 고문으로 조작해냈다. 박종철도 남영동 대공분실에서 고문으로 사망했다. 남영동 대공분실을 중심으로 한 치안본부 대공팀은 경찰 소속으로 되어 있었지만, 1987년 전반기에 내무부 장관을 지냈던 정호용에 의하면 실제로는 안기부가 관장하고 있었다. 예산이나 업무 지시가 안기부에서 나오고 그랬다. 그 중에서도 이근안은 남영동 대공분실에서 대공팀을 '빛나게' 하는, '고문' 하면 떠오르는 대표적인 고문 기술자였다. 그는 1950년대 사찰계 시절 이래 대공 경찰을 상징하는 대공 경찰의 대부 박처원이 아끼고 키운 인물이었다. 여기서는 남영동 대공분실에서 저질러진 김근태 고문 사건을 대표적인 사례로 살펴보자.

김정남에 의하면 민청련 활동에 치명적인 재갈을 물릴 기회를 엿보던 전두환 정권의 공안 당국이 학생 운동과 민청련을 한데 묶어 처단할 궁리를 하게 됐고, 그때 깃발 사건(민추위 사건)이 일어나게 된 다. 그러면서 학내·외에서 일어난 각종 시위와 노사 갈등의 배후에 서울대 민주화추진위원회(민추위)가 있고, 여기서 핵심 역할을 한 문용식의 배후에 민청련 의장으로 활동한 김근태가 있다는 각본을 전두환 정권이 만들어냈다는 것이다.

이러한 각본을 짜고 김근태를 고문했다고 볼 수 있지만, 그것만 은 아니다. 전두환 정권은 그해 5월 학생들의 미국 문화원 점거 농성 사건으로 인한 분노, 그래서 대학가를 옥죄기 위한 학원안정법을 제정하려 했으나 실행에 옮기지 못한 것에서 비롯된 악감정 같은 것이 쌓인 상태였다. 그러한 분노와 악감정 등이 겹쳐, 청년 학생들의 민주화 운동에서 중요한 역할을 하고 있던 김근태를 육체적, 정신적으로 파괴하기 위해 고문한 것으로 이해된다. 그렇게 이해하지 않으면 도대체 김근태라는 한 개인을 왜 그렇게 심하게 고문했는지 이해할 도리가 없다.

박정희 때건, 특히 유신 권력이 심했지만, 전두환 때건 전기 고문, 물고문 등 극심한 고문은 공산주의자라는 자백을 받아내기 위해서였다. 1982년 부산 미국 문화원 방화 사건에서 여대생들도 지독한

1985년 남영동 치안본부 대공분실 515호에서 23일 동안 고문을 당했던 김근태의 이야기를 그린 영화 〈남영동 1985〉의 한 장면.

고문을 당했는데, 그것 역시 공산주의자라는 자백을 받아내기 위해서였다. 그런데 김근태 고문은 그러한 조작을 하기 위해서 자행된 것 같지 않다. 특별히 새로운 사실을 알아내려 한 것만도 아닌 것 같다.

고문 기술자 이근안에게
'칠성대' 위에 묶여 전기 고문당한 김근태

—— 김근태는 어떻게 고문을 당했나. 상상하고 싶지 않을 정도로 무서운 장면이긴 하지만, 다시는 이런 일이 일어나지 않도록 하기 위해서라도 하나하나 되짚었으면 한다.

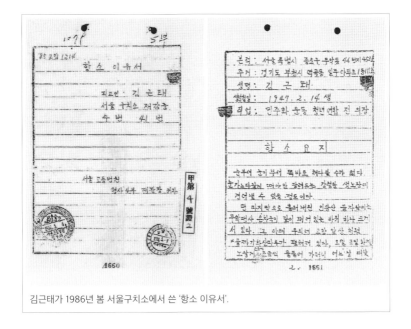

김근태가 1986년 봄 서울구치소에서 쓴 '항소 이유서'.

　　김근태 고문을 상세히 다룬 글들이 여러 책에 실려 있고, 〈남영동 1985〉라는 영화로도 나왔다. 잘 만든 영화인데, 흥행은 안 됐다고 한다. 여기서는 김근태가 1986년 봄 서울구치소에서 쓴 항소 이유서에 나오는 내용을 중심으로 고문 실상을 살펴보자.

　　김근태는 1985년 8월 24일부터 9월 4일까지 경찰서에서 구류를 살았다. 1983년 민청련 의장을 맡은 후 2년 동안 거듭 구류를 당했는데, 이때가 일곱 번째 구류였다. 비가 내린 9월 4일 새벽 5시 반 김근태는 잠이 덜 깬 채 남영동의 치안본부 대공분실 5층 15호실로 끌려갔다. 김근태는 이때부터 23일간 대공분실에 갇혀 있게 되는데, 그 기간 동안 인간으로서 견디기 어려운 끔찍한 고문을 당했다. 앞에서 말한 것처럼 훗날(1987년 1월) 박종철도 김근태가 고초를 겪은 대공분실 5층에 끌려와, 방은 달랐지만, 고문 사망하게 된다.

고문경찰 이근안 현상수배

고문기술자 이근안(경기도경 공안분실장, 경감)을 긴급 현상수배합니다.
이 자는 72년부터 공안경찰로 근무하여 왔고 79년이후 대공분실 등에서
시국사건을 전담하여 소위 "관절뽑기"를 주특기로 하여 물고문, 전기고문등
능숙한 고문기술로 남민전사건, 반제동맹당사건, 김근태사건 등을 조작하고
수많은 민주인사의 심신을 파괴한 자입니다.
야만적 고문경찰을 처벌하여 우리사회에서 반인간적 고문행위를 퇴치합시다.

- **인상착의** : 일명 반달곰, 신장172cm가량.
  배가 불룩 나왔으며 90kg이상의 거구임,
  손이 옹두꿍만하고 눈이 빠지고 찢어나가
  있음. 얼굴이 험악함.
- ※사진은 과거의 젊은 때 사진으로 실물은 훨씬
  훨씬 험악한 얼굴임.

- **현상금** : 1백만원
- **연락처** : 서울 02 - 764 - 1684
  (민주화실천가족운동협의회)
  부산 051 - 464 - 6440
  (부산민주화실천가족운동협의회)
  광주 062 - 222 - 0047
  (민주쟁취국민운동 전남본부)

1. 경찰은 이근안의 도피책략에 대한 방조행위를 즉각 중지하고,검거,
   구속하여 고문사실을 철저히 규명하여 온국민에게 발표하라!
1. 이근안을 비롯한 고문경찰을 지휘하여 고문수사를 자행해온
   치안당국자를 색출 처벌하라!
1. 고문폭압기구 안기부, 보안사,치안본부 대공수사단을 해체하라!

민주화실천가족운동협의회
전국 민족 민주 운동 연합 인권위원회

1989년 민주화실천가족운동협의회와 전국민족민주운동연합 인권위원회가 내건 이근안 현상 수배 전단. 이근안은 김근태를 고문하면서 "그동안 장의사 일이 없어서 한가했는데 이제 일감이 풍족하게 생겨서 살맛이 난다"고 말했다고 한다.

　　9월 4일 김근태는 오전 7시 반경, 남영동 대공분실에 끌려온 지 2시간이 지난 이때부터 낮 12시 반까지 물고문을 5시간 동안 받았다. 질식해버릴 것 같은 숨 막히는 절망감 속에서 "묻는 말에 대답하겠습니다"라고 기를 쓰고 말하자 "필요 없어. 아직 멀었구먼. 우리가 요구하는 것은 항복이야"라는 답이 돌아왔다. 첫 번째 고문부터 '너를 정치적인 목적으로 고문한다'는 것을 명백히 밝힌 것이다. 수건이 다시 덮이고 눈이 가려지고 샤워기에서 맹렬하게 물이 쏟아졌다. 그날 저

박종철이 끌려간 것 역시 얄궂게도 깃발 사건과 관련돼 있었다. 공안 당국은 깃발 사건으로 수배 중이던 학교 선배 박종운의 소재를 대라며 박종철을 연행, 고문해 끝내 죽음에 이르게 했다. 박종운은 그 후 한나라당 소속 정치인으로 변신해 국회의원 선거에 거듭 출마한 것에 이어 극우 성향 매체의 논설위원으로 목청을 높였다.

녁 8시경 두 번째 물고문이 시작됐는데 그다음 날 새벽 1시경까지 계속됐다. 이때도 무려 5시간이나 물고문을 받은 것이다.

9월 5일 한 사내가 델시 상표가 붙어 있는 사무용 가방을 들고 방에 들어왔다. 90킬로그램에 육박할 것 같은 건장한 체구의 고문 전문가 또는 전담자가 온 것이었다. 전형적인 어깨 타입의 풍모였다. 그런 곳에 반드시 있어야 할 사람이었다. 이 사람은 김근태한테 작업을 차근차근 할 테니까 단단히 각오하라고 속삭이듯 말했다.

—— 그자가 바로 악명 높은 이근안 아닌가.

그 사실이 나중에 드러나게 된다. 전기 고문은 9월 5일 오후 8시 반부터 6일 새벽 1시경까지 계속됐다. 전기 고문에 앞서 물고문으로 시작했는데, 어느 정도 물고문이 진행돼 몸이 땀에 흠뻑 젖으면 그때부터 전기 고문을 했다. 김근태를 발가벗기고 눈을 가려 '칠성대' 위에 꽁꽁 묶은 다음 전기가 잘 통하도록 머리, 가슴, 사타구니에 물을 뿌리고 발에는 전원을 연결했다. 처음에는 짧고 약하게 전류를 흘리다가 점점 길고 강력하게 전류 세기를 높였고, 그 후 중간에 다시 약하게 했다가 별안간 전류 세기를 아주 강하게 했다. 소리를 지른다고 강하게 전류를 통하고, 이빨로 꽉 문 혀를 빼라고 강하고도 긴 전류를 흘려보냈다. 전기 고문을 할 때에는 비명이 바깥에 새어 나가지 않게 하려고 라디오를 크게 틀었다.

이근안은 가끔씩 김근태의 발등에 전기를 직접 갖다 대기도 했다. 그 때문에 김근태 발등의 살가죽이 꺼멓게 타버렸다. 전기 고문은 김근태의 핏줄을 뒤틀어놓고 신경을 팽팽하게 잡아당겨 마디마디를 끊어버리는 것 같았다. 극심한 통증과 죽음의 공포가 김근태에게 몰려왔다.

그것에 대해 김근태는 이렇게 썼다. "빠개질 듯이 아픈 머리가 큰 수박처럼 부풀어 오르는 것 같기도 했고 나는 칙칙하고 끈적끈적한 외마디를 계속 질러댔다. 먹따진 돼지가 마지막 숨을 몰아쉬는 것처럼 헉헉 꺼이꺼이 하면서 어두운 비명을 토해냈다. 거기에는 슬픔이라든지 뭐 외로움이라든지 그런 것이 끼어들 여지는 전혀 없었다. 드디어는 축 늘어졌다."

자기 가족 걱정하면서
미소 띠고 고문한 '짐승들'

── 사람의 탈을 쓴 짐승들의 시간, 그것도 국가 권력이 허가하고 부추긴 짐승들의 시간이었다. 고문은 미리 계획된 것이었고 그들은 분노나 흥분의 빛이 없이 미소까지 띠고 고문했다고 김근태는 밝혔다. "그동안 장의사 일이 없어서 한가했는데 이제 일감이 풍족하게 생겨서 살맛이 난다"(이근안)는 말에서도 이 점은 잘 드러난다. 고문을 하면서 "시집간 딸이 잘 사는지 모르겠다", "아들놈이 체력장을 잘 치렀는지 모르겠다"는 등 자기 가족에 대한 애정 어린 얘기를 주고받았다는 것 또한 소름 끼치는 대목이다. 9월 6일부터 고문은 어떤 식으로 계속됐나.

9월 6일 처음으로 김근태에게 점심 식사를 줬다. 그때까지 김근태는 한숨도 잠들지 못했고, 한 끼도 먹지 못했다. 그날 저녁 7시가 조금 지나서 다시 전기 고문이 시작됐다. 그날의 고문은 포악하고 격렬했다. 격렬한 전기 고문을 길게, 아주 길게 가했다. 고통을 못 이겨 소리소리 질러 목 안에서는 피 냄새가 역하게 올라왔고 콧속에서도 단내가 계속 피어올랐다. 김근태는 온몸이 고문대 위에서 오그라드 는 것 같았고 살가죽과 뼈만 남아버리는 것 같기도 했다. 고문은 이 튼날 새벽 1시경까지 쉬지 않고 계속됐다.

9월 8일, 이날은 일요일이었는데, 오전 10시경 고문 기술자들이 들이닥쳤다. 총경 윤재호가 소리소리 질러댔다. "너 이 새끼, 배후를 안 대? 콧구멍에 고춧가루를 처넣어서 폐기종을 만들어 죽여 버리 겠다." 고문 기술자는 이렇게 협박했다. "이 새끼, 항복했다더니 아직 입이 살아서 움직이는구먼. 진짜 맛을 보여주겠다. 남민전 이재문이 가 어떻게 죽었는 줄 알아? 전민노련 이태복 얘기, 너도 들었을 거다. 이재문이는 여기서 당해서 이미 속이 부서져서 감옥에서 병사한 거 야. 너도 각오해." 경정 백남은이 추궁했다. 어디서, 어떻게 월북했느 냐고. 삼천포에서 배를 타고 갔다고 했더니 고문 기술자들이 폭소를 터트렸다.

최악의 끔찍스러운 길고 긴 고문
'최후의 만찬' 고문으로 균형 상태 잃어

── 정말 끔찍한 웃음이다.

이날은 남영동에서 고문을 당한 날 중에서 최악의 날, 끔찍하게 고통스러운 날이었다. 가장 혹독하고 긴 고문을 받았다. 8일 오후 1 시 반경 일단 오전 고문은 끝났다. 그러나 저녁 7시경 또 전기 고문이 시작돼 밤 12시까지 계속됐다. 물고문 중간에는 입 안에 고춧가루를 처넣었다. 무슨 화학 약품이라고 하면서 가제 위에 한 움큼 놓은 것을 입, 귀, 콧속으로 녹아들게도 했다.

9월 10일에는 저녁 7시경부터 10시경까지 전기봉 고문을 당했다. 대단히 빠른 진동 때문에 발등에 심한 통증이 왔다. 이자들은 9월 13일 밤 10시에는 "오늘이 금요일이고 13일이다", "최후의 만찬이다", "너 장례 날이다"라고 하면서 전기 고문과 물고문을 계속 가했다. 그 다음 날 새벽 2시 반까지 고문을 계속했다. 고문 기술자가 피로해 주춤하니까 경정 김수현이 나서서 꽤 오랫동안 전기 고문을 했다. '최후의 만찬'이어서인지 8일 고문에 못지않았는데, 이날 이후 김근태는 결정적으로 균형 상태를 잃었다. 새벽 2시 반에 고문이 끝난 줄 알았는데, 이자들은 새벽 3시경부터 5시 반경까지 또다시 고문했다.

9번째 고문이 있었던 날부터 남영동을 떠나는 26일까지 김근태는 목이 붓고 쉬어서 말을 하기가 어려웠다. 머리는 깨져나갈 것 같았고, 온몸이 산산이 부서지기 직전이었다. 고문 때문에 13일 이후에는 밥을 제대로 먹을 수도 없었다.

그뿐 아니라 고문을 가한 자들은 김근태에게 14일부터 19일까지 평균 4시간 동안만 잠을 자게 했다. 정신적 고문을 병행한 것이다. 20일 저녁 8시경에서 10시 반경까지 김근태에게 마지막 고문을 가했는데, 역시 전기 고문과 물고문을 번갈아가면서 했다. 25일에는 김근태에게 집단 폭행을 가한 다음 '알몸으로 바닥을 기면서 살려달라고 애원하며 빌어라'라고 강요했다. 김근태 나이 마흔이었다.

울음 터지고 통곡 나온 법정,
정치적 희생양으로 김근태 고문

― 그곳에서 23일 동안 겪은 고통, 생지옥이라는 말이 조금도 과하지 않을 그 고통을 건조한 활자로 어찌 다 옮길 수 있을까 싶다. 그런데 음습한 곳에서 이뤄진 고문의 진실을 밝히는 건 쉬운 일이 아니지 않았나. 살벌한 사회 분위기 때문에도 그렇고, 고문을 자행한 자들이 누구인지 정확히 파악하기도 어렵지 않았나.

김근태는 자신을 고문한 사람들의 이름까지 잘 기억하고 있었다. 총경 윤재호, 경정 김수현, 백남은, 경위 김영두, 경장 정현규, 최상남, 박병선, 임희갑 등과 이름 모르는 고문 전문가 한 사람, 이게 이근안인데, 이들이 바로 그들이었다. 고문할 때에는 서로 이름 대신 '사장', '상무' 이런 식으로 불렀지만 조서에 서명할 때에는 이름을 써야 하지 않나. 김근태는 그걸 눈여겨보고 이름을 기억한 것이다.

1985년 12월 19일 김근태는 법정에서 고문 실상을 폭로했다. 너무나도 참혹한 진실에 방청석에서 울음이 터져 나왔고 곧 울음바다가 됐다. 나중에는 통곡까지 나왔다. 심지어 교도관들조차 숙연한 분위기가 됐다.

그토록 심한 고문을 한 것에 대해 김근태는 이렇게 얘기했다. "이 사건은 정치적 보복이며 그 대상으로 본인이 찍힌 것입니다. 1985년 5월 학생들의 미 문화원 사건으로 크게 충격을 받은 정치 군부는 학생 운동에게 그리고 민주화 운동에게 복수하고자 하였습니다. 바로 그것이 소위 학원안정법 제정 기도였습니다. 국민의 한결같은 반대로 학원안정법 제정은 물러서게 되었습니다. 정치 군부는 이

것을 수치나 치욕으로 판단하였을 것이고 그래서 표적으로서, 희생양으로서 본인은 선택되었습니다."

김근태 고문 사건을 계기로 각계의 민주화 운동 세력과 신민당 등 정치권이 참여하는 '고문 및 용공 조작 저지 공동 대책위원회', 약칭 고문 공대위가 1985년 10월 17일 결성됐다. 법정에서 폭로하기 이전에 고문 공대위가 결성될 수 있었던 건, 김근태가 검찰로 송치되던 중 짧은 시간 동안 만날 수 있었던 부인 인재근에게 고문 실상을 얘기했기 때문이다.

1987년 박종철이 고문 사망하자 2·7 추도 대회와 3·3 평화 대행진을 이끌어간 모체가 바로 이 고문 공대위다. 고문 공대위는 박종철 고문 사망 사건을 계기로 국민 추도회 준비위원회로 바뀌는데, 그것은 6월항쟁에서 구심점 역할을 하는 '민주 헌법 쟁취 국민운동본부'(국본) 발족으로 이어지게 된다. 김근태의 고문 실상 폭로가 6월항쟁에서 구심점이 되는 국본을 조직하는 데까지 이어진 것이다.

・ 고문으로 조작된 죄목으로 김근태는 전두환 정권이 막을 내릴 때까지도 풀려나지 못했다. 6월항쟁 1년 후인 1988년 6월 30일이 돼서야 가석방으로 풀려났다. 그 후 여러 활동을 전개하지만, 2011년 세상을 떠나는 순간까지 고문 후유증에 시달려야 했다.
'얼굴 없는 고문 기술자'로 불리던 이근안은 1988년 12월 그 실체가 밝혀지면서 수배됐다. 그렇지만 11년이나 잠적했다가 1999년 10월 28일 자수 형식으로 모습을 드러냈다. 1999년 12월 16일 검찰은 이근안에 대한 수사 결과를 발표했다. 검찰은 박처원(1985년 김근태 고문 사건 당시 치안본부 대공수사단장)이 ▲"혼을 내서라도 철저히 밝혀내라"는 정형근(1985년 당시 안기부 대공수사단장)의 말에 따라 김근태 수사에 이근안을 투입했다 ▲수사 상황을 정형근과 치안본부장, 검찰 등에 수시로 보고했다 ▲김근태 고문 사실이 폭로된 후 정형근을 비롯한 안기부 관계자들, 검찰 관계자들 등과 함께 남영동 대공분실에서 대책 회의를 열었다는 등의 진술을 했다고 발표했다. 그러나 1999년 이때 한나라당 의원이었던 정형근은 1985년 당시 박처원에게 수사를 지시할 위치에 있지 않았다며 혐의를 부인했다.
그 후 목사로 변신한 이근안은 자신이 한 건 고문이 아니라 심문, "일종의 예술"이었으며 "당시 시대 상황에서는 애국이었다"는 궤변을 늘어놓았다. 또한 "지금 당장 그때로 돌아간다 해도 나는 똑같이 일할 것"이라고 강변했다. 지난날 고문 기술자들을 부추기고 비호한 세력이 여전히 막강한 현실과 떼어놓고 생각할 수 없는 참담한 풍경이다.

학생들, 미국 문화원에 이어
민정당 중앙정치연수원 점거

── 다른 사안을 짚었으면 한다. 1985년 5월 미국 문화원 점거 농성
에 이어 그해 하반기에 또 하나의 점거 농성 사건이 일어나지
않나.

1985년 11월 18일 민정당 중앙정치연수원 점거 농성 사건이 일
어났다. 이날 오전 8시경 전학련 '민중 민주 정부 수립과 민족 자주
통일을 위한 투쟁위' 산하 '파쇼 헌법 철폐 투쟁위원회' 소속 14개 대
학, 191명의 학생이 서울 가락동에 있는 민정당 중앙정치연수원에 기
습적으로 쳐들어와 점거 농성을 벌였다.

미국 문화원 점거 농성 사건과 달리 이때는 경찰력이 바로 투입
됐다. 191명을 체포하겠다고 긴급 출동한 특수 테러 진압대를 포함해
정사복 경찰 2,100여 명이 학생들이 있는 연수원 본관을 에워쌌다.
그런 가운데 학생들은 옥상에서 집회를 여는 한편 건물 내부 벽에 녹
색 페인트로 '광주사태 원흉 처단하라', '장기 집권 획책하는 일당 처
단하라' 등의 구호를 써놓았다.

낮 12시가 조금 지나서 진압 작전이 시작됐다. 소방 호스로 물
을 퍼붓고, 고가 사다리차를 동원해 옥상을 향해 물줄기도 쏘고, 최
루탄도 발사했다. 오후 2시가 지난 시각, 진압 작전이 종료되고 학생
들이 모두 연행됐다.

민정당 중앙정치연수원 점거 농성은 그렇게 6시간 만에 막을 내
렸다. 전두환 정권은 점거 농성에 참여한 학생들을 폭력 방화 사범으
로 몰아 구속했다. 언론은 6개월 전에 있었던 미국 문화원 점거 농성

大學生들 民正연수원 6시간 점거

14개大百85명 屋上에서
경찰, 호스로 물뿌리며 옥

警察접근 못하게 계단 바리케이드에 불질러

각목·화염병등으로 거센저항 한때「攻防」소동

오늘아침「時

민정당 중앙정치연수원 점거 농성 사건을 보도하고 있는 1985년 11월 18일 자 동아일보.

사건과 마찬가지로 도시 게릴라, 적군파식이라는 극렬한 용어를 쓰면서 학생들을 매도했다.

5·3사태 빌미로 전면 탄압 나선
전두환 정권의 영구 집권 꼼수, 내각제

6월항쟁의 배경, 일곱 번째 마당

동상이몽 속에서도
전국을 뜨겁게 달군 개헌 열기

김 덕 련 1985년 2·12총선을 거치며 개헌 문제가 수면 위로 떠오르고, 1986년에 들어서면 개헌 운동이 불붙게 된다. 그런데 야당, 재야, 학생 운동 진영 등은 독재 철폐라는 대전제에는 공감했지만 문제를 풀 방법과 지향점에 대해서는 각기 다른 그림을 그렸다. 또한 하나의 부문, 예컨대 학생 운동이라고 하더라도 그 내부는 견해가 서로 다른 조직들로 확연히 구분, 정립된다. 동상이몽이었던 셈인데, 그러한 개헌 문제를 살펴봤으면 한다.

서 중 석 2·12총선 직전에 급조된 신민당은 직선제 개헌을 들고나와 바람을 일으켰다. 개헌 문제는 학생 운동권이나 재야 운동권에서도 제기됐다. 그러나 각 단체에 따라 견해가 다양했고, 또 언제 발표하느냐에 따라 약간씩 달랐다.

민통련(민주통일민중운동연합)은 1985년 11월 20일 민주 헌법 쟁취 위원회를 조직했다. 민통련은 학생 운동권이나 다른 재야 운동권과는 다른 견해를 내놓았다. 이 무렵 학생 운동권이나 노동 운동권에서는 큰 틀에서 보면 '대통령 직선제에 그쳐서는 안 된다. 민중이 참여하는 헌법 제정 의회 같은 것을 통해 민중 중심의 헌법을 만들어야 한다'는 주장이 제기됐다. 학생들은 파쇼 헌법 철폐 투쟁도 들고나왔다. 1985년 11월에는 전국학생총연맹 산하 '파쇼 헌법 철폐 투쟁위원회' 소속 14개 대학, 191명이 민정당 중앙정치연수원을 3시간이나 점거했다. 학생 운동 단체, 노동 운동 단체들은 2·12총선 때와는 차이가 나게 야당의 우유부단하고 타협적인 성격 폭로를 개헌 운동 목표

1986년 3월 11일에 열린 개헌 추진위원회 서울시 지부 현판식.

의 하나로 설정했다. 그와 달리 민통련은 야당의 기회주의적 성격이
나 직선제의 문제점을 지적하지 않은 것은 아니지만, 민주 헌법의 권
력 구조는 대통령 직선제 취지에 부합해야 한다고 주장했다. 민통련
이 직선제 개헌이 이뤄져야 한다고 주장한 것은 직선제 개헌을 하면
군사 정권을 퇴진시킬 수 있다고 확고히 믿었기 때문이다.

　　신민당은 2·12총선 1주년이 되는 1986년 2월 12일 민추협(민주
화추진협의회)과 함께 전격적으로 1,000만 개헌 서명 운동에 들어갔다.
3월 11일에는 개헌 추진위원회 서울시 지부 결성 대회와 중앙당 현
판식을 열고 장외 투쟁을 시작했다. 그 후 전국을 돌며 지부 결성 대
회와 현판식을 열었다.

──　분위기는 어떠했나.

　　한마디로 뜨거웠다. 개헌 열기는 3월 23일 부산에서 열린 개헌

1986년 5월 31일 개헌 추진위원회 전북 지부 결성 대회에서 시민들이 군사 독재 퇴진을 요구하며 시위를 벌이고 있다.

추진위원회 부산지부 결성 대회와 현판식 때부터 끓어올라서 3월 30일 광주에서 열린 지부 결성 대회 및 현판식에서 절정에 달했다.

　부산지부 결성 대회 때에도 수만 명이 모였지만, 광주에서는 구름 모이듯 시민들이 모여들었다. 광주항쟁 이후 최대 인파가 모였는데, 1980년 5월을 상징하는 전남도청 앞 분수대에서 광주은행까지 충장로의 6차선 도로, 500미터를 빼곡히 메운 가운데 지부 결성 대회 및 현판식이 열렸다. 혹시라도 불상사가 일어날까봐 야당이 황급히 집회를 마무리할 정도였다. 그 집회에서는 민주 헌법 쟁취와 군사 독재 퇴진을 주장하는 목소리가 힘차게 터져 나왔다. 그 뜨거운 열기를 민통련 가맹단체인 전남민주청년운동연합(전청련)에서 이어받아 신민당 집회 이후 야간까지 시위를 계속했다.

광주의 열기는 재야 운동권뿐만 아니라 학생 운동권, 노동 운동권에도 아주 큰 영향을 끼쳤다. 부산, 광주에 이어 4월 5일에 열린 신민당의 대구 개헌 집회도 뜨거웠다.

그런데 이 집회, 바로 이때부터 대구·경북의 민통련 간부들이 다른 민통련 가맹단체들과 함께 신민당과 별도의 집회를 열고, 최루탄이 난무하는 가운데 거리 투쟁을 전개했다. 신민당과 재야 민주화 운동 세력이 분리되기 시작한 것이다. 그 후 야당이 대전(4월 19일)과 청주(4월 27일)에서 연 개헌 집회에서도 민통련은 독자적인 투쟁을 전개했다.

개헌 투쟁에는 개신교와 천주교도 참여했다. 대학 교수들도 시국 선언 형태로 개헌 투쟁에 나섰다. 3월 28일 고려대 교수 시국 선언을 시작으로 한신대, 성균관대, 서울대 등 여러 대학으로 퍼졌다. 5월 15일까지 서울과 지방의 29개 대학에서 교수 783명이 참여했다.

반제 투쟁론의 부상과
이재호·김세진의 죽음

— 학생 운동 쪽 분위기는 그것과는 또 다르지 않았나.

전국이 이처럼 개헌 열기에 뒤덮여 있을 때 일부 학생 운동권에서 반제 투쟁론이 부상했다. 반제 투쟁 주장을 담은 한 팸플릿 말미에 "미국에 대해 불타는 적개심을 갖지 않은 사람은 운동을 할 생각을 하지 말라"고 돼 있어서 큰 파문을 일으켰다.

반제 투쟁론은 기본적으로 한국 현대사를 미제와 한국 민중 간의 투쟁의 역사로 인식했다. 따라서 군사 독재 반대 투쟁의 수준을 넘어 반미 투쟁을 벌여야 한다는 주장이었다. 반제 투쟁론 계열의 학생 운동 세력은 부산 미국 문화원 방화 사건 4주년을 맞은 1986년 3월 18일 학생들 앞에 모습을 드러냈다. '부미방'의 정신을 계승한다는 의미에서 그렇게 한 것이다.

이날 이 세력은 서울대에서 반전 반핵 평화 옹호 투쟁위원회(반전 반핵 투위)를 발족했다. 위원장은 이재호였다. 비가 쏟아지는 가운데 이재호가 "반전 반핵 양키 고 홈" 등을 선창하면 학생들이 따라 외쳤다. 구호 하나하나가 당시 기성세대에게는 굉장히 충격적이었다.

그로부터 11일이 지난 3월 29일 서울대에서 구국학생연맹(구학련)이 비밀리에 조직됐다. 4월이 되자 '반미 자주화 반파쇼 민주화 투쟁위원회'(자민투)가 발족했고 자민투 기관지로《해방 선언》이 나왔다. 구학련은 비밀 조직이었는데, 공개적인 투쟁 기구로 자민투를 띄운 것이었다.

이들은 학생 400여 명과 함께 4월 28일 서울 신림 사거리에 모였다. 반전 반핵 투위 위원장 이재호와 서울대 자연대 학생회장 김세진이 3층 건물 옥상에서 "양키의 용병 교육 전방 입소 결사반대"를 선창하자 도로에 있던 학생들이 따라 외쳤다. 이때 경찰이 학생들을 구타하며 연행했다. 경찰은 옥상에 있던 이재호, 김세진도 연행하려 했다. 이재호와 김세진은 온몸에 시너를 뿌리고 경찰에게 '가까이 오면 분신하겠다'고 소리쳤다. 그러나 경찰은 두 학생에게 달려들었다. 두 학생은 몸에 불을 붙이고 구호를 외치다 처절하게 쓰러졌다. 김세진은 5월 3일, 이재호는 5월 26일 끝내 숨을 거뒀다.

—— 반제 투쟁론에 대해 야권이나 재야 쪽에서는 어떤 반응을 보였나.

이재호, 김세진이 신림 사거리에서 분신한 다음 날인 4월 29일 민주화를 위한 국민 연락 기구(민국련)에 속해 있는 이민우 신민당 총재, 김대중 민추협 공동 의장, 문익환 민통련 의장 등은 학생들의 민주화 투쟁은 지지하지만 반미, 반핵, 민족 자주화 투쟁은 지지하지 못한다고 선언했다. 이민우는 말할 것도 없고 김대중도 그런 반미 투쟁은 있을 수 없다고, 있어서는 안 된다고 생각했을 것이다.

그다음 날인 4월 30일 전두환은 3당(민정당, 신민당, 국민당) 대표와 회담하고 "국회에서 여야가 합의해 건의하면 재임 기간 중에도 헌법 개정을 할 용의가 있다"고 말했다. 자기 임기 내에 여야가 합의해서 개헌하면 그것에 동의하겠다고 나온 것이다. 이건 그해 1월 16일 국정 연설에서 보였던 것과 다른 모습이었다. 1월 16일 국정 연설에서 전두환은 개헌 문제는 서울올림픽 이후인 "1989년에 가서 논의하는 것이 순서"라고 얘기했다. 1989년까지 개헌 논의를 유보해줄 것을 요구했던 건데, 그랬던 전두환이 4월 30일 이때 한 발 물러선 것이다.

박정희 정권은 군사 교육을 대학의 정규 과목으로 만들었다. 사회 전반을 병영화하기 위한 조치의 일환이었다. 1969년부터 남자 대학생은 정규 과목이 된 교련 교육을 받아야 했고, 1970년 2학기부터는 여대생도 교련 교육 대상이 됐다. 박정희 정권은 1970년 12월 '대학생은 4년간 711시간의 교련 교육을 받아야 하며, 현역 군인을 대학에 배치해 군사 교육을 실시하겠다'고 발표해 거센 반발을 자초했다. 711시간은 4년간 전체 수업 시간의 약 20퍼센트에 달했다.

대학생을 대상으로 한 군사 교육은 전두환·신군부 정권에 들어와서도 계속됐다. 전두환·신군부 정권은 대학교 1, 2학년 남학생에게 주당 2시간씩 교내 교련 교육을 실시했다. 그에 더해 1학년 학생은 병영 집체 교육을, 2학년 학생은 전방 입소 교육(5박 6일)을 받도록 했다. 전방 입소 교육까지 받고 교련 학점을 취득하면 군 복무 기간을 90일 줄여주는 회유책도 썼다. 군 복무 기간 단축은 군사 교육에 대한 반발을 감안해 정권 차원에서 내민 '당근'이었지만, 다른 한편으로는 대학생 출신 병사들과 이 시기에 다수를 차지하던 비非대학생 출신 병사들의 갈등을 불러일으킬 수 있는 요소이기도 했다.

정권 차원의 '당근'에도 불구하고 억압적인 군사 교육은 대학생들의 광범위한 반발을 불렀다. 특히 1986년에는 전방 입소 교육 거부 투쟁이 여러 대학에서 격렬하게 전개됐다. 대학생에 대한 군사 교육은 6월항쟁 이후인 1989년 1학기부터 전면 폐지된다.

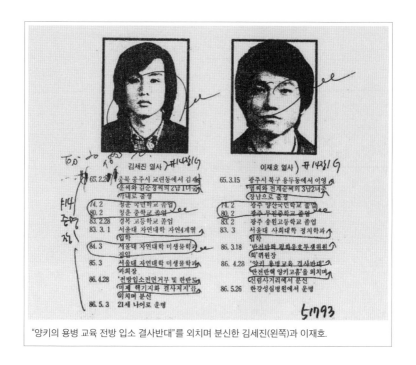

"양키의 용병 교육 전방 입소 결사반대"를 외치며 분신한 김세진(왼쪽)과 이재호.

　　당시 운동권은 재야, 노동, 학생, 청년 어느 쪽이든 급진적 성향을 띠고 있었다. 그래서 4월 30일에 있었던 회담 결과에 대해 보수 대연합이자 야당의 기회주의적 성격을 드러낸 것으로 판단했다. 광주, 부산, 대구 등지에서 개헌 열기가 확연히 드러나자 전두환이 한 발 물러선 것이라는 점은 생각하지 않았다.

　　전두환과 3당 대표가 회담한 다음 날인 5월 1일 민통련은 4월 29일에 있었던 민국련 기자 회견이, 앞에서 말한 이민우, 김대중, 문익환 등의 회견을 말하는데, 보수 정치인들의 외세 의존적이고 타협적인 자세에서 비롯된 것이라고 규정하고 민국련 탈퇴, 의장단을 비롯한 집행부 전체 사퇴를 결의했다. 야당과 느슨한 연대로 민국련을 구성했던 것인데, 이제 야당과 연대하는 것이 위기에 처한 것이다.

1986년 5월 3일 인천에서 시민들이 "광주 학살 원흉
전두환을 처단하자"라는 플래카드를 들고 시위를
벌이고 있다. 5·3 인천 투쟁은 1980년 광주항쟁
이후 최대 가두 투쟁이었다. 사진 출처: 경향신문

의기충천했으나 중구난방 집회 돼
몰매 맞은 야당, 격렬한 반미 구호

── 야당, 재야, 학생 운동 및 여러 사회 운동 진영의 그러한 견해 차
이는 5월 3일 인천에서 극명하게 드러나지 않았나.

신민당은 대구, 대전, 청주의 개헌 집회에 이어 5월 3일 그날 인
천에서 개헌 추진위원회 경기·인천지부 결성 대회와 현판식을 열기
로 했다. 지방의 개헌 열기를 수도권으로 이어가고자 한 것이다. 그
런데 5·3 인천 개헌 집회는 운동권에 의해 5·3 인천 투쟁 또는 5·3
인천 사태로 나타났다. 그리고 전두환 정권은 이 사건을 극대화해 자
신들의 정치적 목적을 위해 이용했다.

5·3 인천 투쟁에 대해 결론부터 말하면, 2·12총선 이후 고양된
민주화 운동, 개헌 투쟁을 한 단계 더 높이겠다는 의욕은 강했으나
이날 이후 군부 독재 정권은 민주화 운동과 개헌 투쟁을 분열시키고
무력화하기 위해 총공세라고 할까, 반격을 가했다. 그 점을 생각해야
한다. 전두환은 그해 9월 이후 비상사태를 선포하겠다고 엄포를 놓으
면서, 유성환 의원이 국회에서 한 국시 발언이나 심지어 금강산댐 문
제까지 개헌 투쟁을 분쇄하고 개헌 열기를 약화하는 데 이용했다. 그
반면 학생, 재야 운동권, 노동 운동 세력과 야당은 전두환의 탄압 공
세에 큰 타격을 입고 퇴각했고, 1986년 연말까지 대중성을 회복하지
못했다. 5·3 인천 사태가 역전의 계기가 된 것이다.

── 5월 3일 인천 상황은 어떠했나.

신민당은 인천시민회관에서 대회를 열 계획이었다. 대회를 앞두고 인천시민회관 주변에 다양한 정파와 단체의 사람들이 몰려들었다. 정오 무렵 대회장 주변은 시민, 학생으로 가득 찼다. 그런데 어찌된 일인지 이날 경찰은 불심 검문도, 출입 통제도 하지 않았다.

그렇게 사람들이 모여들면서 시위가 시작됐다. 오후 1시 무렵 자민투와 민민투가 중심인 수천 명의 대학생들이 '군부 독재 타도', '광주 학살 배후 조종 미제 축출'을 외치며 시민회관 쪽으로 밀려들었다. 시민회관 앞 사거리에서는 수만 명(경찰 추산 5,000여 명)의 학생, 노동자와 시민이 경찰과 공방전을 벌였다. 73개 중대, 1만여 명의 경찰은 백골단을 앞세우고 최루탄을 퍼부었다. 시위대가 보도블록과 화염병으로 무장하고 민정당 지구당사와 경찰차 3대를 불태우며 경찰에 맞섰다.

여러 단체, 정파가 각각 따로 자기 자리를 만들어 한 자리씩 차지하고 연설과 시위를 했다. 정작 이날 대회를 주관하는 신민당의 지도부는 운동권 시위에 밀려 대회장에 접근조차 하지 못했다. 대회장인 시민회관 안에 운집했던 시민들은 학생 측에서 최루탄을 터뜨려 쫓겨나는 형국이 되었고, 각 단체의 개별적 투쟁으로 시민들은 어디로 가야 할지, 어떻게 해야 할지를 모르고 방황하다가 흩어졌으며 끝까지 남은 시민들은 오후 5시경 경찰의 최루탄 발사로 흩어졌다.

여러 운동 세력은 각각 따로 자기 집회를 열었을 뿐만 아니라, 외친 구호도 제각기 달랐다. 이날 배포된 유인물 종류만 50종 정도일 만큼 다양한 주장이 나왔다. 학생 단체건 노동 단체건 제각기 다른 주장을 펼쳤다. 민통련은 "군부 독재 타도하고 민주 정부 수립하자"고 외쳤다. 민청련(민주화운동청년연합)의 경우 민통련 산하 단체인데도 신민당과 민통련의 제휴를 비판하고 헌법 제정 민중 회의를 소집하자고 외쳤다. 서노련은 "인천을 해방구로", "속지 말자 신민당, 몰아내자 양키 놈"이 주된 구호였다.

5·3 인천 집회에서는 전두환·신군부 못지않게 김영삼, 김대중이 이끄는 야당이 그야말로 몰매를 맞았다. 신민당은 '미국의 도움 없이는 정권 장악이 불가능하다고 생각하고 전두환 정권과 보수 대연합을 꾀하는 기회주의 세력'으로 매도당했다. 신민당의 개헌 서명 운동과 각 지부 결성 대회도 비난받았다.

그것보다도 일반 대중과 야당, 기존 언론을 깜짝 놀라게 한 건 격렬한 반미 구호였다. "미국의 사주에 의한 개헌 술책 폭로한다", "이원 집정부제 강요하는 미국은 물러가라" 같은 건 온건한 축에 들었다. "친미로 망한 나라 반미로 되살리자" 같은 '미제 축출' 구호도 외쳤고, '철천지원수 미제'라는 말도 나왔다.

중구난방의 어수선한 상황이 이어지는 가운데 경찰이 오후 5시경부터 강도 높게 다연발 최루탄을 발사하며 몰아붙였다. 그러면서 여러 집회 대오가 무너졌다. 그 후 주안, 제물포, 동인천 일대에서 밤늦게까지 산발적인 시위를 벌이는 것으로 이날 상황은 일단락됐다.

5·3 인천 집회를 계기로
전면적인 반격에 나선 전두환 정권

― 수도권 일대 운동 단체가 죄다 모여든 것 아닌가 싶을 정도로 많은 조직에서 나와 이날 시위를 전개했다. 그만큼 구호도, 정세를 바라보는 시각도 달랐다. 그런데 이날 상황을 어떻게 규정할 것인가를 두고도 시각이 엇갈린다. 단순화하면 항쟁 또는 투쟁

放火

角木든 仁川「街鬪」

「仁川사태」129명 令狀

在野인사 10명

檢察 民民·自民鬪·民統

시위대가 경찰의 페퍼포그 차량에 메달린 전경과 사복경찰을 각목으로 폭행하고있다.　＜仁川=임시취재반＞

5·3 인천 투쟁의 폭력성을 부각하는 보도를 내보낸 1986년 5월 5일 자 경향신문.

에 무게를 싣는 경우도 있고 그와 달리 사태 쪽에 방점을 찍는
경우도 있지 않나.

5·3 인천 투쟁은 1980년 광주항쟁 이후 최대의 가두 투쟁으로

군사 독재 정권의 간담을 서늘하게 했다는 평가도 있다. 민주화 운동사에 한 획을 그은 투쟁으로 민족 민주 세력의 힘을 유감없이 과시했다는 평가도 나왔다. 또 이날 인천에서 정말 여한 없이 싸워봤다고 하는 사람들도 있었다. 그런가 하면 민청련은 5·3 인천 집회가 몇 십 년 만에 반외세 민족 자주화를 선언한 대중 집회였고, 민족 민주 운동이 야당과 차별성의 획을 분명히 그었지만 투쟁 형태에서는 난맥상을 보였다고 평가했다.

그러나 적지 않은 5·3 인천 투쟁 참여자들이 현실에 뿌리를 두지 않은, 급속히 형성·고양된 관념적 급진성을 지니고 있었다. 당시 운동권은 수도권에 많았는데 학생, 노동, 재야 운동 단체들은 자신의 혁명적 목소리를 격렬히 쏟아내고 과감히 싸웠다. 그러나 자신들의 정치 이념을 실현하기 위한 투쟁 방안을 제시하지 못했고, 야당을 격렬히 비난했지만 당시 야당의 개헌 집회 없이 자신들이 대중 앞에 설 수 있는 대중 집회가 가능했겠느냐는 문제도 충분히 검토하지 않았다. 3·30 광주 개헌 집회에서 큰 충격을 받았고 그래서 혁명적 열기가 더욱 강렬히 끓어올랐지만, 세상을 바꿔야 한다는, 극우 반공 체제를 타도하기 위해서는 그 방법밖에 없다는 혁명의 열의가 앞선 나머지 현실의 여러 가지 문제를 고려하지 않고 자신들의 주의, 주장을 인천에서 펼친 것이다.

5월 3일 이후 민주화 운동 단체는 5·3사태에 대한 보수 언론의 차가운 시선도 감내해야 했지만, 무엇보다도 전두환 정권의 매스컴 조작과 폭우처럼 쏟아진 모진 탄압에 시달려야 했다. 민주화 운동 세력과 야당은 1986년 초부터 5·3 인천 사태가 있을 때까지 공세를 취했다. 그런데 5·3 인천 사태 그때부터 그해 말까지 수세를 벗어날 수 없었다.

KBS와 MBC는 시위대의 폭력성을 부각하는 보도를 기다렸다는 듯이 내보냈다. 불타는 민정당 인천 지구당사와 경찰차, 그리고 보도 블록 등이 나뒹구는 인천시민회관 일대 모습을 연이어 내보냈다. 경찰은 인천 사태를 극렬 좌경 용공 폭력 세력의 난동으로 몰아갔다. 경찰은 이날 집회와 관련하여 129명을 구속하고 60여 명을 수배했다.

이렇게 되면서 제일 난처한 입장에 빠진 것은 전두환 정권이 아닌 신민당과 김영삼, 김대중이었다. 개헌 문제에서는 재야, 학생·노동자 단체가 '우군'인데, 그 '우군'에 의해 개헌 집회라는 자신들의 잔치판이 깨졌을 뿐 아니라 아주 심하게 비난받고 매도당하지 않았나.

—— 그런 상황에서 전두환과 민정당은 어떻게 나왔나.

폭발적인 개헌 열기에 풀이 죽은 듯했던 민정당은 이때다 싶어 공세를 취했다. 5월 5일, 노태우 민정당 대표위원과 김영삼 신민당 고문의 회담을 추진하겠다고 나섰다. 그전에 신민당이 회담을 제안했을 때에는 외면하다가 5·3 인천 집회 이후 태도를 바꾼 것이다. 그러더니만 민정당은 갑자기 당내에 헌법 특위를 서둘러 구성했고, 이전과는 정반대로 '국회 내에 헌법 특위를 구성하자'고 야당에 재촉까지 했다.

민정당이 대타협을 하자며 나선 건 직선제를 받아들이겠다는 뜻이 전혀 아니었다. 그렇게 대타협을 하자고 민정당이 촉구하는 동안 전두환 정권은 대탄압으로 나왔다. 안기부는 인천 집회를 '인천 소요 사태'로 규정하고 "소요의 배후 지령자와 불순 단체 간부 및 연계 조직을 발본색원 의법 처리 차원에서 수사하라"고 지시했다. 민정당이 노태우-김영삼 회담을 추진하겠다고 나선 5월 5일 전두환 정권은 자민투, 민민투(반제 반파쇼 민족 민주 투쟁위원회) 관계자 27명을 수배했다. 동아일보에 따르면, 뒤이어 검찰은 이 27명과는 별개로 5월 8일 현재 장기표를 비롯한 민통련 간부와 학생, 노동자 등 32명을 수배했으며 앞으로 관계자들을 더 수배할 방침이라고 밝혔다. 6월 2일 치안본부는 5·3 인천 사태 배후 인물로 45명을 지목하고 특진이 딸린 특별 수배령을 내렸다. 이로써 1986년 상반기에 수배자는 400명이 넘게 됐다.

7월 9일까지 문익환, 장기표, 김문수 등 172명이 검거돼 구속 기소되거나 수사를 받았다. 한편 5·3 인천 집회 직후 서노련(서울노동운동연합) 활동가 10여 명은 보안사에 끌려가 물고문, 전기 고문 등 혹독한 고문을 당했다.

"민정당이 20년은 집권해야"
전두환 쪽에서 내각제를 꺼낸 속내

── 헌법 문제에 관한 국회 논의, 어떻게 진행됐나. 이 문제에 관한 전두환 측의 복안은 무엇이었나.

5월 29일 노태우 민정당 대표위원과 이민우 신민당 총재는 국회에 헌법 개정 특별위원회(개헌 특위)를 둔다는 데 합의했다. 7월 7일에는 여권의 당·정·청 핵심 인사들이 청와대에 모여 이 문제를 논의했다. 이들은 이 자리에서 '내각제 개헌안을 야당에 제시하되, 야당이 거부하면 기존 헌법으로 차기 대통령을 선출하고 88올림픽을 치른 다음 개헌한다'는 방안을 마련했다.

그렇지만 야당이 내각제 개헌안을 받아들일 리 만무했다. 따라서 5·3 인천 집회 이후 민정당이 야당에 재촉해 구성한 개헌 특위는 아무 쓸모가 없다는 것이 명백하게 드러나게 된다.

7월 7일 회의가 끝난 후 전두환은 "(타결이) 안 된다는 전제로 준비하라", "더 이상 타협이 어렵다고 판단하는 시기가 중요하다"면서 호헌 논리는 자신이 제시하겠다고 말했다. 전두환 정권 쪽에서 제시한 방안으로는 타협이 이뤄지지 않을 것이라는 점은 분명했다. 따라서 직선제를 거부하는 호헌 조치를 시기를 봐서 자신이 취하겠다는 얘기였다. 1987년에 전두환이 발표한 4·13 호헌 조치는, 이미 이때 전두환의 마음속에 다 들어 있었다. 그전에도 전두환은 똑같은 생각을 하고 있었지만, 개헌 열기가 고조되자 4월 30일에 조금 양보를 한 것이고 그러면서 5·3 이후 국회에 개헌 특위가 구성되고 그랬던 것이다.

민정당이 내각제를 주장한 건 이승만 정권 말기에 한때 자유당 간부가 대통령의 권한이 강화된 내각제를 주장했던 것과 그 의도가 비슷했다. 제1당에 유리하게 돼 있는 기형적인 선거법을 활용하거나 부정 선거를 통해 얼마든지 자신들이 국회에서 다수당이 될 수 있다고 판단하고, 따라서 내각제로 개헌하면 영구 집권을 할 수 있다고 본 것이다. 7월 7일 이날 전두환은 이런 얘기도 했다. "민정당이 20년은 집권해야 한다."

8월 18일 민정당은 내각 책임제 헌법 개정안 요강을 확정, 발표했다. 전두환·신군부 헌법의 대통령에 비견할 수 있을 정도로 권력이 총리에게 집중돼 있고, 내각제인데도 국회 기능이 약한 것이 특징이었다. 변형된 대통령제라고 한 신문이 평했는데, 그 말 그대로였다.

지금까지 살펴본 것처럼 처음부터 국회 개헌 특위는 성과를 거둘 수 없었다. 9월 29일 이민우와 김영삼, 김대중은 회합을 갖고 국회 개헌 특위 활동을 중단하기로 결정했다.

전체를 포괄하는 용어로는
5·3사태가 적절

── 5월 3일 인천 집회 이후 전두환 정권의 강도 높은 공세 등 달라
진 상황을 살펴봤다. 이런 점들까지 고려할 때 5월 3일 인천 상
황을 전체적으로 어떻게 규정할 수 있을까.

항쟁이라고 부른 사람이 그간 꽤 있었다. 항쟁적인 성격이 있는
건 사실이다. 항쟁적인 것을 넘어서 사실은 혁명적인 성격이 강했다.
무슨 말이냐 하면 통상적인 상황에서는 나오기 어려운, 기존 체제에
서는 용납되기 어려운 주장들이 그날 쏟아져 나왔다. 그것에 대해 낭
만적인 주장이었다고 할 수도 있고 현실에서 구현할 기반이 탄탄하
지 않은 사상누각이었다고 할 수도 있지만, 혁명적인 주장들이 제기
된 건 맞다. 또 다른 측면에서, 예컨대 신민당 입장에서 보면 그날은
개헌 집회 또는 개헌 대회여야 했다.

이런 여러 측면이 있지만, 5월 3일 그날 일어난 일과 그 영향으
로 그날 이후 일어난 일 전체를 포괄해서는 5·3사태 또는 5·3 인천
사태라고 부르는 게 적절하다고 본다. 내가 5·3사태 또는 5·3 인천
사태라고 표현할 때 5월 3일 그날 하루에 일어난 일만 가리키는 것은
아니다. 그 후 전두환 등이 5월 3일 그날 일을 계기로 하는 짓까지 포
함하는 것이다.

시민들의 KBS 시청료 거부 운동, 권인숙의 '성고문' 진실 밝히기

6월항쟁의 배경, 여덟 번째 마당

김 덕 련 언론과 관련해 중요한 두 가지 사건이 1986년에 일어났다. 그중 하나가 KBS 시청료 거부 운동이다. 아울러 이해에는 독재 정권이 어떤 정권인지 그 밑바닥을 다시 한 번 여실히 보여준 성고문 사건도 터졌다. 이 사건들을 하나씩 짚어봤으면 한다.

서 중 석 1986년 5·3 인천 사태 이후, 특히 그해 10월 아시안게임이 끝난 후부터 전두환은 개헌 세력을 분쇄하고 개헌 열기를 잠재우기 위한 총력전을 펼쳤다. 유성환 의원의 국시 발언 사건, 금강산댐 사건, 김일성 사망설 사건에도 그러한 총력전의 형태로 임했다. 이 부분을 살펴보기 전에 먼저 1986년에 일어난 시민운동을 살펴볼 필요가 있다.

6월항쟁의 가장 큰 특징 중 하나는 시민들이 적극적으로 참여했다는 점이다. 그 이전에 한국에서는 관존민비로 불리는 관 우위의 사회가 오랫동안 지속됐다. 그리고 일제의 유산, 미군정의 친일파 중심 현상 유지 정책, 극우 반공 세력의 반공주의와 권위주의에 의해 권력이 과대 성장해 시민 사회가 정상적으로 형성되기 어려웠다.

자유당 정권에서는 거의 모든 단체가 관으로부터 자유롭지 못했거나 어용 노릇을 하지 않을 수 없었다. 노동조합은 말할 것도 없고, 어민 단체건 교원 단체건 미용사 단체건 마찬가지였다. 1960년 4월혁명을 계기로 달라질 수도 있었지만, 5·16쿠데타가 1년 후에 바로 일어나면서 그 가능성이 막혀버렸다.

박정희 정권은 1961년 5·16쿠데타로 등장한 군사 정부에서 1963년 말에 유사 민간인 정부로 넘어간 이후에도 대통령의 권한을 계속 강화하며 행정 독재 국가를 구축했다. 또한 중앙정보부를 앞세워 정보 수집, 광범위한 사찰과 탄압을 통해 시민 사회를 엄격히 감시했다. 1972년 유신 쿠데타 후 시민 사회의 취약성은 더욱 심했다. 영역이 넓어지고 있던 대중문화도 권력의 통제 아래 놓였다. 그러나 1985년 2·12총선 이후, 특히 1986년에 들어서면서 시민 사회가 조금씩 달라지고 있었다.

'땡전 뉴스'는 이제 그만!
시민운동의 문을 연 KBS 시청료 거부 운동

— 그러한 변화를 잘 보여준 사안 중 하나인 KBS 시청료 거부 운동, 어떻게 전개됐나.

1986년에 전개된 KBS 시청료 거부 운동은 최초의 본격적인 시민운동으로 평가할 만하다. 언론 통제 강도는 박정희 유신 정권 후기에 더 셌지만, 전두환·신군부도 언론 통제 정책을 강력하게 폈다. 전두환·신군부가 1980년 11월 언론 통폐합을 단행하지 않았나. 그러면서 KBS가 초대형 언론 독점 기관으로 성장했다. KBS는 MBC 주식의 70퍼센트, 서울신문 주식의 99퍼센트, 연합통신 주식의 30퍼센트 등을 소유해 주요 언론 기관을 통제할 수 있었다.* 그러한 KBS 사장은 대통령이 직접 임명했다. KBS는 그야말로 전두환·신군부 정권의 막강한 선전, 홍보 기관이었다.

• 다른 언론 기관에 대한 KBS의 주식 보유 비율은 시기에 따라 변화를 보인다. 예컨대 KBS는 1980년 말 MBC 주식의 65퍼센트를 인수하고, 1981년 7월 5퍼센트를 더 인수했다. 그리고 동아일보 1987년 2월 12일 자에 따르면 KBS는 이 시기에 연합통신 주식의 70퍼센트를 보유했다.

여러 단체가 모여 만든 KBS TV 시청료 거부 운동 자료집 1면. 시민들은 KBS의 편파성을 피부로 느끼고 있었고, 다른 어떤 문제보다도 심각하다고 여겼다.

KBS의 여러 편파 방송 가운데 사람들의 입에 가장 많이 오르내린 것이 9시 '땡전 뉴스'였다. 저녁 9시에 땡 하고 울리면 "전두환 대통령은 ······ "이라는 말로 뉴스가 시작돼 그런 이름이 붙었다. 시민들은 KBS의 편파성을 피부로 느끼고 있었고, 다른 어떤 문제보다도 심각하다고 여겼다. 고려대 신문방송연구소가 1985년에 대학생들을 상대로 조사한 결과를 보면 응답자의 92.6퍼센트가 언론이 제 역할을 못 하고 있다고 답했고, 언론 자유가 위협받고 있다는 항목에 99퍼센트가 동의했다.

KBS 시청료 거부 운동은 도시가 아니라 농촌에서 먼저 일어났다. 1980년대에 농민들이 부당 농지세 시정 투쟁을 전개했다고 지난 번에 얘기했는데, 1980년 KBS는 농지세 문제 왜곡 보도 등 편파 방송을 내보내 농촌 지역의 반발을 샀다. 그러면서 1985년 4월 전북 완주군 고산에서 성당과 가톨릭농민회가 한데 뭉쳐 시청료 거부 운동을 벌였다.

이런 움직임이 있긴 했지만, 시청료 거부 운동이 범시민 운동으로 전개되는 때는 1986년이다. 1986년 1월 교회, 여성 단체, 청년 운동 단체 대표들이 중심이 돼서 KBS TV 시청료 거부 기독교 범국민 운동본부가 발족했다. 4월에 들어와 23개 여성 단체가 KBS 시청료 폐지 운동 여성 단체 연합을 결성하고 시청료 폐지 촉진 대회를 여는 등 이 운동은 각계로 번졌다. 천주교 쪽에서도 지지했고 문화계도, 불교계도 적극 참여했다.

KBS 시청료 거부 운동은 민통련(민주통일민중운동연합), 민청련(민주화운동청년연합) 등 재야 단체나 학생들보다는 주로 종교 단체, 여성 단체, 문화 단체에서 앞장서고 여기에 시민이 참여하는 방식으로 전개됐다. 이 운동은 빠르게 확산됐다. KBS에는 날마다 항의 전화가 빗발쳤다. 시민들은 너도나도 자기 집 대문과 자동차 문에 "상업 광고, 편파 보도 KBS TV 시청료를 낼 수 없습니다"라는 스티커를 붙였다. 시청료 거부 운동 단체에는 격려 전화와 성금, 각종 우편물이 쇄도했다.

그 결과 1986년 KBS 시청료 징수 실적은 목표액에 26.4퍼센트 미달했고, 징수율도 1985년의 88.2퍼센트에서 72.4퍼센트로 낮아졌다. 1987년에는 징수율이 더욱 낮아져 63.9퍼센트에 지나지 않았다.

인면수심 성고문 버젓이 자행한
부천경찰서 경장 문귀동

— 1986년에는 도대체 어떻게 이런 일이 있을 수 있나 싶은 사건도
터졌다. 부천서 성고문 사건이다. 피해자 권인숙은 왜 경찰에 잡
혀갔나.

KBS 시청료 거부 운동을 벌일 때 여성 단체는 KBS가 여성을 성
적 대상화하고 있는 점, 광고 방송이 퇴폐적인 소비문화를 조장하는
점에 대해 특히 강한 비판을 했다. 그것이 일반 시민의 관심을 끌었
고 그러면서 시민 참여 의식을 높였는데, 그런 속에서 부천서 성고문
사건까지 일어나게 된다.

이 사건은 한 여대생의 용기 있는 행동이 사회를 변화시키는 데
얼마나 큰 기여를 할 수 있는지를 잘 보여줬다. 아울러 경찰 하위직
부터 검찰 간부, 제도 언론, 권력의 정상에 이르기까지 인간이 얼마
나 추악하게 타락하는가를 적나라하게 보여주었다.

1986년 6월 경찰이 경인 지방 노동자들의 자취방을 덮쳤다. 6월
4일 부천에 있는 가스 배출기 제조업체에서 일하던 한 여성이 자취
방에서 경찰에 끌려 나왔다. 이 여성은 서울대 의류학과에 다니던 권
인숙이었는데, 허명숙이라는 가명으로 취직해 일하고 있었다. 노동자
들의 고통을 함께하고 새로운 사회를 만들겠다는 일념으로 노동 현
장에 들어간 '학출'이 1980년대에 많았다고 전에 얘기하지 않았나.
권인숙도 그런 사람들 중 한 명이었다.

권인숙과 같은 '학출'을 잡기 위해 경찰이 노동자들의 자취방을
덮친 건 아니었다. 잡으면 1계급 특진이 따르는 5·3사태 수배자, 노

부천서 조사실 현장. 경찰은 위장 취업 부분을 조사하는 데 그치지 않고, 5·3사태 수배자 이름을 제시하면서 권인숙을 집요하게 추궁했다. 그 과정에서 권인숙은 부천경찰서 경장 문귀동에게 끔찍한 성적 고문을 당하게 된다.

동 운동 쪽에서도 여러 명이 수배됐는데, 그 수배자들을 체포하기 위해 이 잡듯이 수사를 하다가 덮친 것이었다. 그렇게 해서 권인숙을 끌고 간 경찰은 권인숙이 위장 취업자라는 걸 알게 됐다. 그런데 경찰은 위장 취업 부분을 조사하는 데 그치지 않고, 5·3사태 수배자 이름을 제시하면서 '이 사람 지금 어디 있느냐'며 권인숙을 집요하게 추궁했다. 그 과정에서 권인숙은 부천경찰서 경장 문귀동에게 끔찍한 성적 고문을 당하게 된다.

수사 통해 진실 알고도
'성을 혁명의 도구로 이용했다' 발표한 검찰

── 있을 수 없는 일이지만, 사안의 특성상 다른 경우보다 진실을 밝
히기가 더 어려울 수도 있는 사건이었다. 어떻게 해서 그 실체가
드러나게 됐나. 그리고 박종철 고문 사망에 앞서 정권의 도덕성
에 치명타를 입힌 이 사건에 전두환 정권은 어떻게 대응했나.

6월 16일 권인숙은 교도소로 이송됐다. 그런 일을 겪었으니 얼
마나 고통스러웠겠나. 그렇지만 다시는 이런 일이 일어나지 않도록
진실을 드러내고 가해 세력과 싸우기로 결심하게 된다. 교도소에 있
던 양심수 70여 명은 권인숙이 경찰서에서 어떠한 성고문을 당했는
가 하는 얘기를 듣고, 부천서에서 성고문을 자행한 담당 형사 문귀동
을 구속하라고 요구하며 무기한 단식 투쟁에 들어갔다. 권인숙 본인
도 단식 투쟁에 돌입했다.

7월 3일 권인숙은 자신에게 성적 고문을 저지른 경장 문귀동
을 고소했다. 그런데 바로 이날 권인숙은 오히려 공·사문서 위조 혐
의 등으로 구속 기소됐다. 적반하장 격으로 그다음 날 문귀동은 권
인숙을 명예 훼손 혐의로 맞고소했다. 7월 5일 조영래를 비롯한 9명
의 변호사가 야만적이고 비인간적인 만행이 제도적으로 자행되는 걸
더 이상 묵과할 수 없다면서 문귀동과 부천경찰서 서장 옥봉환 등
6명을 검찰에 고발했다. 그에 앞서, 부천서 성고문 사건이 알려지면
서 천주교, 개신교, 여성 단체, 불교 단체 등에서 공동 대책위원회를
만들었다.

파문이 크게 일자 검찰은 부천서 성고문 사건에 대해 상당히 깊

檢察 "性的모욕" 없었다 발표

富川署사건 수사 "暴言·暴行사실만 인정"

文경장 파면·起訴유예방 富川署長등 3명 直위해

1986년 7월 17일 자 동아일보. 검찰은 이 사건에서 성적 모욕은 없었고 폭언, 폭행만 있었다고 발표했다. 더 나아가 "폭행 사건을 성 모욕으로 날조·왜곡, 혁명 투쟁을 확산하고 공권력을 무력화하려는 것으로 판단된다", "운동권 세력이 벌이는 상투적인 투쟁 수법"이라고 밝혔다.

게 조사한 것으로 알려져 있다. 적당히 넘어간 게 아니라 문귀동이 실제로 어떤 식으로 성고문을 자행했는가를 아주 상세하고 구체적으로 조사했다는 말이다. 그런데도 7월 16일 검찰 발표는 그것과 전혀 달랐다. 이건 유신 시대나 전두환 시대에 특히 많이 나타났고 오늘날에도 심심찮게 보이는 현상인데, 발표 내용은 조사 결과와는 딴판이었다.

검찰은 이 사건에서 성적 모욕은 없었고 폭언, 폭행만 있었다고 발표했다. 더 나아가 검찰은 "폭행 사건을 성 모욕으로 날조·왜곡, 혁명 투쟁을 확산하고 공권력을 무력화하려는 것으로 판단된다", "운동권 세력이 벌이는 상투적인 투쟁 수법"이라고 밝혔다. 그러면서 성적

불량 대학생, 가출 대학생으로 급진 좌경 사상에 물들어 혁명을 위해
성적 수치심까지 이용하는 거짓말쟁이라고 권인숙을 몰아세웠다. 이
건 적반하장도 도를 넘어선 것이고, 후안무치하고 철면피하기가 그
야말로 이만저만이 아닌 '악의에 가득 찬' 조작이었다. 바로 그런 모
습을 검찰이 보여줬다. 각 신문은 검찰 발표를 그대로 옮겨 크게 보
도했다.°

관계 기관 대책 회의의 진실 왜곡
"검은 정권에 의해 또 한 번 강간당한 느낌"

── 검찰이 7월 16일 문귀동에 대해 "폭언, 폭행 부분은 …… 우발적
인 과오"이고 "10년 이상 경찰에 봉직하면서 성실하게 근무해왔
다"며 기소 유예 처분을 할 방침이라고 밝힌 것도 인상적인 대
목이다. 피해자를 터무니없이 몰아세우며 '두 번 죽이는' 한편
가해자에게는 솜방망이 처분을 한 것이다.

이러한 대응은 정권 차원에서 결정된 사항이었다. 6월항쟁 이후
인 1988년 조영황(훗날 노무현 정부에서 국가인권위원회 위원장 역임) 변호

° 이러한 보도는 정권 차원에서 보도지침으로 통제하고 언론이 그것에 순종한 결과였다.
전두환 정권은 검찰 발표 이전에는 '성폭행 사건 대신 부천 사건으로 표현할 것', '검찰
발표 때까지 보도를 자제할 것' 등의 지침을 내렸다. 검찰 발표 직후에 나온 보도지침에
는 '검찰이 발표한 조사 결과만 보도할 것', '검찰 발표 전문은 꼭 실을 것', '발표 외에 독
자적인 취재 보도는 불가', '사건 명칭을 성추행이라고 하지 말고 성 모욕 행위로 할 것',
'사회면에서 취급하되 크기는 재량에 맡김', '반체제 측의 고소장 내용이나 여성 단체 등
의 사건 관계 성명은 일체 보도하지 말 것' 등의 내용을 담았다.

검찰발표에 대한 변호인단의 견해

1. 검찰의 수사결과 발표에 접한 우리들 변호인단은 분노에 앞서서 깊은 슬픔과 절망을 가눌길이 없다.

우리가 아는 한 이 사건은 그동안의 검찰조사과정에서 이미 그 진상이 백일하에 드러났다. 인천지방검찰청의 수사인력이 총동원 되다시피한 가운데 연일 불철주야로 사건당사자와 참고인 43명에 대한 집중조사가 진행됨에 따라 권양의 모든 주장은 하나하나 진실과 부합됨이 명백히 입증되어갔고 반면에 범행은폐를 위하여 꾸며낸 문귀동의 모든 주장과 그를 비호하기 위해 조작된 부천서 간부진 및 형사들의 모든 진술내용은 낱낱이 거짓임이 판명되었다.

한마디로 그동안의 모든 검찰수사결과는 권양측의 일방적이며 완벽한 승리로 귀결되었다. 우리가 알고 있기로는 검찰은 그 동안 전례없이 진지하고 성실한 자세로 이 사건 수사에 임하였으며 그 결과 권양의 성고문 주장이 더이상 의심할 여지없는 확고부동한 진실임을 드러내었다. 그러나 검찰은 수사과정에서 고심끝에 찾아낸 진실을 발표과정에서는 허겁지겁 왜곡하고 은폐해버렸다.

"폭언·폭행만 있었고 성적모욕은 없었다"는 검찰의 발표내용은 검찰이 그 동안 모든 노고를 기울여 도달한 수사결론을 스스로 뒤엎는 것밖에 되지 않는다. 우리는 대체 어떻게하여 이같은 어처구니없는 일이 일어나게 되었는지 그 경위에 대하여 의혹을 품지 않을 수 없다. 이번 검찰발표과정에 검찰권의 독립적행사를 저해하는 외부세력의 작용이 개입되었던 것이 아닌가 하는 의심을 떨쳐버릴 수가 없다. 항간의 소문대로 당초에는 문귀동을 구속할 방침이었다가 급작히 기소 유예방침으로 전환한것이었다면 그 이유는 대체 무엇인가?

검찰의 소신과 명예는 어디로 갔는가?

우리는 검찰의 발표내용을 믿지 않는다.

국민들 중 누구도 검찰의 발표내용을 믿지 않을 것이다. 그리고 단언하거니와 다른 누구보다도 검찰 자신이 스스로의 발표내용을 믿지않을 것이다.

2. 우리가 검찰의 발표내용을 믿을 수 없는 이유는 다음과 같다.

(1) 문귀동은 당초에 권양을 명예훼손죄로 고소하면서

문귀동 본인이 권양을 6·7. 저녁 7:45경부터 9:45분경까지 이흥기 형사들의 입회 아래 단 한차례 조사한 일 밖에없다고 주장하였고 또 6·6. 에는 서에는 출근도 하지 않았다고 주장하면서 당일 송추에 놀러 갔다는 알리바이까지 제시하였다. 문귀동은 검찰에서 조사받는 과정에서도 당초에는 완강하게 위 주장을 유지하다가 알리바이가 깨어지고 제반 관계증거에 의하여 위 주장이 거짓임이 명백히 드러나게 된 후에야 비로소 진술을 번복하여 권양의 주장대로 자신이 권양을 6·6. 새벽과 6·7. 아침 및 밤중 세차례에 걸쳐 조사하였으며, 6·7. 밤중에는 9시경부터 11시경까지 입회형사가 없는 가운데서 조사하였다는 사실을 자백하였다. 부천서 형사 이흥기는 실제로는 6·6. 새벽 문귀동이 권양을 조사할 당시("1차 성고문"당시) 입회하였던것이라고 권양이 누차 그 사실을 지적하였음에도 불구하고 위 문귀동의 허위진술을 뒷받침해 주기 위한 목적으로 굳이 6·6. 새벽에 입회한 사실을 부인하면서 6·7. 저녁에 문귀동의 조사현장에 입회하였던것처럼 허위진술을 하다가 나중에와서야 이를 번복하고 권양의 주장이 진실임을 자백하였다.

사건 당시의 부천서 수사과장이었던 경감 유회수 또한 검찰 조사시 문귀동이 6·6. 새벽에 출근한 사실이 없는 것처럼 허위진술을 하였고 나아가서는 부천서장 옥봉환이 6·6. 아침 10시 이후에야 서에 출근한 것처럼 허위진술을 하였다. 그러나 수사결과 위 옥봉환이 권양의 당초 주장대로 6·6. 새벽에 출근하였던 사실이 판명됨으로써 위 유회수의 진술은 허위였음이 드러났다.

부천서 형사 김해성은 당초에는 위 문귀동의 거짓말을 뒷받침하기 위하여 6·7. 밤에 문귀동이 권양을 조사할 때 형사 이흥기가 함께 있는 것을 보았다고 거짓진술을 하다가 나중에 이흥기가 진술을 번복한 후에야 비로소 당일 이흥기를 본 사실이 없다고 자백하였다.

뿐만 아니라 부천서 형사들 중 문귀동이 6·7. 밤 조사시 당직에 입회했다고 주장한 형사들과 그날 밤 권양을 유치장까지 데려다 주었다고 하는 형사까지 나타나서 위 문귀동의 허위진술내용을 뒷받침하는 진

1

1986년 7월 18일 발표된 변호인단의 견해. 조영래 등 9명의 변호사는 "이 전대미문의 만행의 진상이 백일하에 공개되고 그 관련자들이 남김없이 의법 처단되기 전까지는 우리들 변호인단은 물론이요, 이 나라의 모든 국민과 산천초목까지도 결코 잠잠하지 않을 것"이라고 천명했다.

사가 최초의 특별 검사 격인 '공소 유지 담당 변호사'로 임명돼 부천서 성고문 사건 당시 검찰 기록을 조사한 결과에서도 이 점은 잘 드러난다. 조사 결과에 따르면, 사건 당시 검찰은 수사 과정에서 성고문 진상을 모두 밝혀내고도 수사 내용을 대부분 숨긴 채 수사 결과를 수정, 시나리오에 따라 거짓 발표를 하고 문귀동에게 기소 유예 처분을 내렸다.

이 과정에서 결정적인 역할을 한 것이 관계 기관 대책 회의였다. 검찰 기록 조사 결과를 보도한 동아일보 기사(1988년 5월 9일 자)와 관계 기관 대책 회의를 전면 분석한 한겨레 기사(1992년 9월 30일 자) 등을 종합하면, 부천서 성고문 사건의 수사 결과 발표 방향은 1986년 7월 13일부터 15일까지 사흘 연속 열린 관계 기관 대책 회의에서 결정됐다.

인천지검은 그해 7월 10일경 수사를 사실상 마무리하고, 문귀동을 구속 기소해야 한다는 의견을 첨부해 서동권 검찰총장에게 보고했다. 대검에서는 그 방향으로 국민에게 공표할 수사 결과 발표문까지 만들었다. 그러나 관계 기관 대책 회의에서 허문도 청와대 정무1수석과 경찰 쪽에서 문귀동 구속 기소를 거세게 반대했다고 한다. 반대한 자들은 "성고문 사실을 그대로 발표할 경우 격렬한 시위 사태로 시국 혼란이 가중된다", "나라가 망하면 당신이 책임지겠느냐", "문 경장이 구속 기소되면 시국 치안을 맡고 있는 경찰의 사기가 떨어져 일을 못하게 된다"고 강변한 것으로 알려져 있다. 결국 검찰은 진실을 왜곡, 은폐, 조작하는 쪽으로 발표문을 새로 만들었다고 한다.

이와 관련, 안기부장 장세동의 진술도 눈길을 끈다. 5공 비리 문제로 구치소에 수감돼 있던 1989년 3월 장세동은 "문귀동 경장을 기소 유예 처분하기로 한 것은 검찰의 수사 보고를 받은 전두환 대통령이 최종 결정한 것으로 안다"고 진술한 것으로 보도됐다.

이러한 사실들은 전두환 정권이 어떤 식으로 이 사건에 대응했는지를 잘 보여준다. 물론 이런 과정을 거쳤다고 해서 검찰이 책임을 면할 수 있는 건 전혀 아니다.

7월 16일 검찰 발표가 있고 17일 '공안 당국의 분석'이라는 게 각 신문에 똑같이 게재됐는데, 그다음 날(18일) 조영래 등 9명의 변호사는 "이 전대미문의 만행의 진상이 백일하에 공개되고 그 관련자들이 남김없이 의법 처단되기 전까지는 우리들 변호인단은 물론이요, 이 나라의 모든 국민과 산천초목까지도 결코 잠잠하지 않을 것"이라고 천명했다.

권인숙이 법정에 제출하기 위해 감방에서 쓴 7월 28일 자 변론서에는 당시 학생들이 무엇을 고민했고 어떻게 살려고 했는지가 절절히 담겨 있다. "중·고등학교 선생님들은 한결같이 유신 헌법을 한국적 민주주의의 토착화된 산물이라고 극구 칭찬했었고, 저는 박정희가 죽을 때까지 대통령을 했으면 좋겠다고 몇 번이나 친구들과 얘기했는지 모릅니다. …… 대통령 '서거' 소식에 접해서 마치 부모님 초상이라도 난 듯이 엉엉 통곡을 했던 것은 어쩌면 자연스러운 일이었을 것입니다. …… 이 땅은 한 청년이 자신의 몸을 불사르는 통렬한 고발에도 치유될 수 없을 만큼 심각하게 병들어 있었고, …… 소위 공안 당국이 의식화·좌경화되었다고 몰아치는 우리는 다만 이 땅의 아픔과 현실의 엄청난 억압과 횡포를 아는, 즉 진실을 아는 사람들일 뿐이라는 것을 말입니다. …… '혁명을 위해 성적 수치심마저 팔아먹는 운동권의 악의에 가득 찬 조작'이라는 그야말로 악의에 가득 찬 조작극을 보았을 때 저는 저 검은 정권에 의해 또 한 번의 강간을 당한 느낌이었습니다."

전두환 정권이 파렴치한 모습을 계속 보이자 부천서 성고문 사건을 규탄하는 목소리가 더 거세게 터져 나왔다. 7월 27일 서울 성공회 집회를 시작으로 청주, 익산, 부산, 광주, 대구에서 성고문 사건 규탄 기도회가 연이어 열렸다. 7월 28일에는 고려대 여학생 3명이 부천서 성고문 사건 발표에 항의해 인천지검 건물에 불을 질렀다. 그런가 하면 성폭행을 당한 여성들이 당당하게 가해자를 고발하는 사례가 증가했다. 여성들은 부천서 성고문 대책위원회를 중심으로 단결하는 한편 다른 재야 단체와 연대를 강화했다.

8월에도 규탄 대회는 계속됐다. 8월 14일 신민당과 민추협(민주화추진협의회)이 '고문, 성고문, 용공 조작 범국민 폭로 대회'를 열었을 때에는 많은 시민이 신민당 당사 밖에서 스피커에 귀를 기울였다. 이날 민주언론운동협의회는 부천서 성고문 사건 보도와 관련해 제도언론 간부들이 당국으로부터 촌지를 받아먹은 것을 폭로, 규탄하는 집회도 열었다.

늦게나마 단죄된 문귀동, 그러나
검찰은 아무도 처벌받지 않았다

—— 재판은 어떻게 진행됐나. 이와 관련, 진실을 왜곡하고 피해자를 매도한 검찰에서 누군가 처벌을 받았다는 얘기는 들은 적이 없다.

9월 1일 조영래를 비롯한 변호사 166명은, 처음에 9명이었다가 166명으로 늘어났는데, 문귀동에 대한 검찰의 기소 유예 결정과 관련해 법원에 재정 신청을 했다. 검찰의 기소 독점주의 남용을 견제하고 수사 권력의 고질적인 인권 침해를 근절하기 위해 그렇게 한 것이다. 그러나 10월 31일 서울고등법원은 "문귀동이 손으로 그녀의 음부를 만지고 자신의 성기를 꺼내 그녀의 음부에 대어 수차례 비비는 등 성추행을 했다"는 권인숙의 진술은 관련자들이 부인하고 있고 증인이 없으므로 이를 인정할 수 없다며 재정 신청을 기각했다. 문귀동과 이 사건 관련자들이 범죄를 부인하는 건 상투적 수법이었는데도, 또 밀실에서 저지른 짓이어서 다른 증인이 있을 수 없는데도 법원에서 어이없는 결정을 내린 것이다. 그러자 변호사들은 대법원에 재정 신청 특별 항고를 하는 한편 11월 21일 변론 요지서를 작성했다.

변론 요지서는 인권 변호사로 활약했고 《전태일 평전》의 저자이기도 한 조영래가 작성했는데, 오래 기억될 만한 명문이었다. "이 재판은 거꾸로 된 재판입니다. 여기에 묶여 서서 재판받아야 할 것은 이 연약하고 순결무구한 처녀가 아니라 바로 이 처녀에게 인간의 탈을 쓰고서도 차마 상상할 수 없는 추악한 만행을 저지른 문귀동, …… 아울러 문귀동의 범행을 교사, 방조하였던 모든 사람들, 문귀동을 비호하고 그 범행을 은폐하려 들었던 모든 사람들이 그 책임의 경중에 따라 여기에 서서 재판을 받아야 할 것입니다." 이 글의 끝은 이렇다. "진실을 밝히기 위해 권 양이 바친 그 눈물겨운 희생과 헌신은 우리나라 인권의 역사에서 두고두고 뜨거운 감사의 정과 더불어 기억될 것입니다. 권 양은 우리에게 '진실에의 비밀은 용기뿐'이라는 교훈을 온몸으로 가르쳐주었습니다. …… 우리의 권 양, 온 국민의 가슴속 깊은 곳에 은밀하고 고귀한 희망으로 자리 잡은 우리의 권 양은

● 재정 신청은 고소·고발 사건에 대해 검사가 내린 불기소 처분이 옳은지 그른지를 가려 달라고 법원에 직접 신청하는 제도를 말한다.

즉시 석방되어야 합니다."

12월 1일 인천지법 판사들은 권인숙에게 징역 1년 6개월을 선고했다. 그러고는 도망치듯 법정을 빠져나갔다. 재판 도중 한 양심수의 어머니는 분노해 "성고문 범죄자를 비호하고 피해자를 재판하는 게 사법부냐"라고 고함을 질렀다. 이 어머니는 이틀 후 서대문구치소에 수감됐다. 그런 세상이었다. 권인숙은 2심에서도 징역 1년 6개월을 선고받고, 그러니까 주민등록을 위조해 위장 취업한 걸 문제 삼은 것인데, 복역 중 6월항쟁 이후 가석방됐다.

추악한 성추행범 문귀동은 검찰이 기소 유예 처분을 한 덕분에 한동안 처벌을 받지 않았다. 그래서 변호사들이 특별 항고까지 한 것인데, 권인숙이 6월항쟁으로 가석방된 지 한참 뒤인 1988년 2월 대법원에서 재정 신청을 받아들였다. 1989년 문귀동에게 징역 5년의 실형을 확정하고 그와 함께 권인숙에게 위자료를 지급하라는 판결이 나왔다. 그렇지만 진실을 알면서도 '성까지 혁명 도구화했다'고 주장하고 문귀동에게 기소 유예 처분을 한 검찰 및 관계 기관 대책 회의에서 문귀동 기소를 반대한 허문도 등은 어떤 처벌도 받지 않았다.●●

●● 오늘날 많은 국민은 검찰 하면 정치 검찰, 스폰서 검사, 벤츠 검사, 성 추문 검사, 그리고 김기춘·우병우·진경준·김형준 같은 이들을 떠올린다. 잘못에 상응하는 처벌도 받지 않고 과거사에 대한 반성도 하지 않으며 개혁을 거부하고 제 식구 감싸기에 매진해온 검찰이 자초한 결과다. 부천서 성고문 사건은 민주주의를 진전시키기 위해, 그리고 검사들 가운데 제대로 된 검사로 살고자 하는 이들을 위해 검찰 개혁이 얼마나 중요한 과제인지를 다시금 느끼게 해주는 사례 중 하나다.

한 기자의 '보도지침' 폭로,
언론 자유에 새 길을 열다

6월항쟁의 배경, 아홉 번째 마당

언론 농락한 보도지침…
권력이 제목, 기사 크기, 사진 등 일일이 지시

김 덕 련 KBS 시청료 거부 운동과 더불어 언론과 관련해 1986년에 일어난 또 하나의 중요한 사건이 보도지침 폭로 사건이다. 언론을 수중에 넣고 마음대로 주무르려는 집권 세력의 시도가 최근까지 끊이지 않았다는 점에서도 주요하게 되짚을 만한 사안이다. 어떻게 해서 보도지침의 실체가 세간에 드러나게 됐나.

서 중 석 보도지침 폭로 사건은 민주주의 쟁취가 절실한 과제임을 깨닫게 한 또 하나의 사건이었다. 1984년 12월에 창립된 민주언론운동협의회가 1985년 6월 《말》을 창간했는데, 1986년 9월 《말》 특집호에 보도지침이 폭로됐다.

보도지침은 전두환 정권의 언론 통제 실상을 적나라하게 보여줬다. 전두환·신군부는 1981년 1월 문공부에 홍보조정실을 두고, 계엄사령부가 언론을 검열하던 기능을 여기서 그대로 이어받아 언론을 통제하게 했다. 1985년 10월 홍보조정실은 홍보정책실로 이름을 바꿨는데, 매일 각 언론사에 가이드라인으로 보도지침을 내렸다.

보도지침이 세상에 폭로된 것은 한국일보 김주언 기자가 1985년 10월 19일부터 이듬해 8월 8일까지 나온 보도지침 자료를 입수하면서부터였다. 보도지침을 철해서 편집국에 보관하고 있었는데, 그걸 발견한 것이다. 보도지침은 전두환 정권이 얼마나 '자상하게' 언론에 기사를 '배급'했는지를 잘 보여준다.

── 보도지침, 어떤 식이었나.

보도지침을 폭로한 《말》 특집호 표지.

《말》 특집호에 실린 보도지침 내용. 5·3 인천 시위에 관해
"'학생, 근로자들의 시위'로 하지 말고 '자민투', '민민투',
'민통련' 등의 시위로 할 것. 폭동에 가까운 과격, 격렬 시위인
만큼 비판적 시각으로 다룰 것"이라고 보도지침을 내렸다.

6월항쟁의 배경

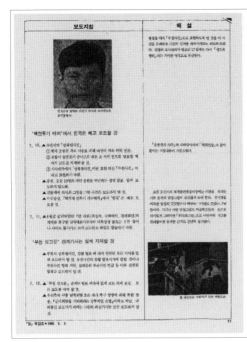

부천서 성고문 사건에 관해서는 "부천서 성폭행 사건, 검찰 발표 때까지 관련된 모든 기사를 일체 보도하지 말 것. …… 김대중의 부천 사건 언급 등 이와 관련된 일체를 보도하지 말 것"이라고 되어 있다.

기사를 어떤 면에, 몇 단 크기로 게재하라고 지정해줬다. 기사 크기에 대해 '조그맣게', '조용히', '너무 흥분하지 말고', '크지 않게', '눈에 띄게', '돋보이게', '균형 있게', '적절하게' 등 다채롭게 지시했다. 보도지침에는 1단 기사 지시가 많았다. 보도를 막고 그냥 넘어가자니 뭔가 마음이 안 놓이고, 그렇다고 지침을 안 내리고 그대로 두자니 신문사에서 눈치 없이 2~3단으로 키울지도 모른다는 걱정이 들어서 그렇게 한 것이었다.

제목에 대해서도 이런 표현 대신 저런 표현을 쓰라고 하거나 또는 그런 식으로는 뽑지 말라는 지시도 내렸다. 예컨대 부천서 성고문 사건의 경우 검찰 발표 직후에 나온 보도지침을 보면 "자료 중 '사건의 성격'에서 제목을 뽑아줄 것"이라는 부분이 있다. 이게 뭐냐 하면,

그때 '모든' 신문에 '공안 당국 분석'이라는 이름으로 실린 박스 기사가 있는데 그 글에 '사건의 성격'(또는 '사건의 본질')이라는 부분이 있다. "혁명을 위해서는 성도 도구화" 등의 내용을 담고 있었는데, 그런 걸 가지고 기사 제목을 붙이라는 지시였다.

사진에 대해서도 세세하게 지시했다. 이 기사엔 사진을 쓰지 말라든가 또는 폭력성을 부각할 수 있는 사진을 넣으라는 식이었다. 또 공안 사건을 비롯한 이런저런 사건에 대한 당국의 분석 자료는 간지에 실으라고 아주 '친절하게' 지시했다.

다양한 사안에 대해 보도지침을 내렸는데, 여기서는 그중 한 사례를 집중적으로 살펴보자. 1986년 필리핀에서 독재자 페르디난드 마르코스 대통령을 축출하려는 시위가 격렬하게 일어나지 않았나. 언론도 민주화 운동 세력도 전두환 정권도 이것에 아주 큰 관심을 쏟았는데, 거기엔 이유가 있었다.

피플 파워에 놀란 전두환 정권
'필리핀 기사는 축소 보도할 것'

── 왜 그랬던 것인가.

독재자 마르코스의 행적이나 행태가 박정희나 전두환의 그것과 너무나 비슷한 점이 많았기 때문이다. 당시 필리핀의 피플 파워people power는 한국 민주화 운동 세력에게는 대리전쟁이었다. 학생들과 민주 인사들은 필리핀의 민중 혁명이 실패하면 당분간 한국 민주주의는 곤경에 처할지도 모른다는 두려움을 갖고 있었다. 그것과 똑같은

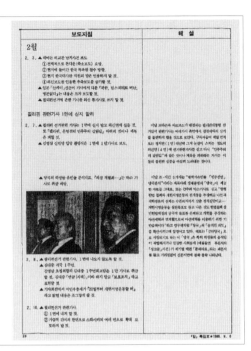

필리핀 관련 기사에 관한 보도지침. "필리핀 선거 관련 기사는 1면에 싣지 말고 외신면에 실을 것. 또 '필리핀, 운명 걸린 민주주의 갈림길' 따위의 컷이나 제목은 피할 것"이라고 적혀 있다.

이유로 전두환 정권은 필리핀의 민중 혁명이 실패하기를 간절히 바라고 있었다. 그렇기 때문에 피플 파워 또는 민중 혁명으로 마르코스 정권이 뒤집어지느냐에 시선이 집중될 수밖에 없었다.

1986년 2월 7일 필리핀 대통령 선거가 치러졌는데, 그 이전부터 전두환 정권은 독재자 마르코스와 맞서는 세력에 대해 잘 써주지 말라는 보도지침('야권 후보인 코라손 아키노 이야기를 부각하지 말 것')을 내렸다. 또한 '필리핀 선거 기사를 너무 크게 취급하지 말 것', '필리핀 선거 관련 기사는 1면에 싣지 말고 외신면에 실을 것' 등을 지시했다.

대선에서 마르코스는 부정 선거로 재선됐다. 그러면서 대통령 당선을 기정사실로 굳히려 했다. 부정 선거를 규탄하고 독재 정권을 몰아내려는 피플 파워가 이때부터 더욱 거세졌다. 그에 따라 전두환

아홉 번째 마당 **155**

정권의 불안과 우려도 당연히 더 커질 수밖에 없었다.

2월 10일 자 보도지침에서 그것을 느낄 수 있다. 이날 전두환 정권은 '필리핀 선거 관련 기사 1) 1면에 내지 말 것, 2) 가급적 간지의 한 면으로 소화하되 여러 면으로 확대 보도하지 말 것, 3) AFP 통신의 가상 시나리오와 미국, 일본, 유럽에서 본 필리핀 선거 등은 박스 기사로 싣지 말 것' 등의 보도지침을 내렸다. 그다음 날에는 '필리핀 관계 기사는 외신면에 축소 보도할 것'을 지시했다.

결국 무너진 마르코스 독재…
'우리 현실과 비교하지 말 것'

─── 전두환 정권의 바람과 달리 마르코스 정권은 결국 무너졌다. 전두환 쪽으로서는 씁쓸하고 안타까운 심정과는 별개로 뭔가 대책을 내놓아야 했을 터인데, 마르코스 정권 붕괴 후 어떤 보도지침을 내렸나.

피플 파워가 절정으로 치닫자 마르코스는 2월 25일 밤 관저인 말라카낭 궁에서 허둥지둥 도망쳤다. 그러자 더욱 불안해진 전두환 정권은 훨씬 자세한 보도지침을 시달했다. 2월 25일 자 보도지침을 통해 '필리핀 사태, 1면 톱기사로 올리지 말 것'을 지시한 전두환 정권은 27일에는 '자상하게' 이런 보도지침을 내렸다. '필리핀 사태

───

미국으로 달아난 독재자 마르코스는 3년 후 망명지인 하와이에서 숨을 거뒀다. 1960년 4월혁명으로 쫓겨난 이승만이 5년 후 망명지인 하와이에서 세상을 떠난 것과 닮은꼴이다.

1) 1면 3단 정도로 취급하고 나머지는 간지에 싣되 4면(외신면)과 5면(체육면)에만 한정할 것, 2) 국내 정치인들의 개별적인 논평은 가급적 보도하지 않도록 하고 대변인 논평만 실을 것, 3) 해설, 좌담 등에서 시민 불복종 운동을 우리 현실과 비교하거나 강조하지 말 것, 4) 세계 독재자 시리즈, 마르코스 20년 독재 등의 시리즈를 싣지 말 것.'

전두환 정권과 반대로 민주화 운동 세력은 필리핀 민중의 승리를 몹시 기뻐했다. 한국의 민주화 운동 세력은 세계 어떤 지역보다도, 미국 정부 못지않게, 어쩌면 미국 정부보다 더 크게 필리핀의 피플 파워에 각별한 관심을 보였다. 학생, 민주 인사 외에도 많은 시민이, 기독교 관계자와 신자들이 특히 그랬는데, 필리핀의 피플 파워에서 힘과 용기를 얻었다. 필리핀 민중 혁명에서는 하이메 신 추기경 등 천주교계가 중요한 역할을 했는데, 1986~1987년에 천주교계와 개신교계가 민주화 운동에 활발히 나선 것은 필리핀 민주화 운동의 진전에 힘입은 바가 있었다.

필리핀의 민주화 운동은 전두환 정권만 골머리를 앓게 한 것이 아니었다. 미국의 대한 정책에도 두통거리였다. 미국은 필리핀과 한국은 다르다며 필리핀의 피플 파워가 한국에 전이되는 걸 두려워하고 경계했다.

── 예나 지금이나 어둠의 세력은 햇빛을 두려워하고 진실 공개에 극도로 거부 반응을 보이기 마련이다. 전두환 정권은 보도지침의 진실을 세상에 알린 이들에게 어떤 보복 조치를 취했나.

보도지침 폭로는 사회에 큰 충격을 줬다. 또한 젊은 기자들이 각성하는 계기로 작용했다. 보도지침이 폭로되자 전두환 정권은 1986

년 12월 김태홍 민주언론운동협의회 사무국장, 신홍범 조선투위 실행위원, 김주언 기자를 잇달아 구속했다. 1987년 5월 25일 현직 동아일보 기자 133명이, 5월 29일 한국일보 기자 150명이 민주화를 요구하면서 이들의 석방을 촉구하는 성명서를 냈고, 국제적으로도 관심을 모았다. 구속된 3명의 언론인은 5월 31일 가톨릭자유언론상을 받았다. 6월항쟁이 불붙기 직전인 1987년 6월 3일 서울형사지법에서 김태홍은 징역 10월에 집행 유예 2년, 김주언은 징역 8월에 집행 유예 1년, 신홍범은 선고 유예 판결을 받고 모두 풀려났다.●

언론 통제 강도, 전두환 정권 때보다
유신 정권 후기에 훨씬 셌다

— 1988년 국회에서 보도지침을 비롯한 전두환 정권의 언론 통제 실상을 다룬 언론 청문회가 열렸다. 이 자리에서 전두환 정권 때 문공부 장관을 지낸 이광표는 "언론기본법 제정과 (일상적으로 보도지침을 내린) 문공부 홍보조정실 설치는 허문도와 이수정이 재직하던 청와대 정무비서실 지시에 따라 이뤄졌다"고 말했다. 보도지침 배후에 청와대가 있었음을 잘 보여주는 대목이다.

김주언은 "보도지침을 어겼을 경우에는 야간에까지 전화를 하거나 기관원들이 편집국에 와 확인하고 신문사의 존폐 문제를

● 전두환 정권은 보도 지침을 폭로한 이들에게 국가보안법 위반, 외교상 기밀 누설, 집회 및 시위에 관한 법률 위반 혐의와 함께 국가모독죄를 뒤집어씌웠다. 1987년 유죄 선고를 받았던 김태홍, 신홍범, 김주언은 1994년 7월 항소심에서 무죄 판결을 받았다. 1995년 12월 대법원은 세 사람에게 무죄 확정 판결을 내렸다. 보도지침을 폭로한 지 9년 만이었다.

들어 협박했다"고 진술했다. 한국일보에 드나든 기관원 숫자에 대해서는 "안기부 1명, 보안사 1명, 문공부 홍보조정실 1명, 치안본부와 종로경찰서 직원 등 가장 많을 때는 7명 정도 됐다"고 말했다. 보도지침 위반 사례와 관련, 전두환 정권에서 KBS 사장을 거쳐 문공부 장관을 지낸 이원홍은 언론인에 대한 구타와 고문이 상당수 있었음을 인정했다.

청문회에서는 "홍보정책실이나 정무비서실 등의 구성 인원은 대부분 언론계 출신"(강삼재 의원)이라는 지적도 나왔다. 그것에 대해 김주언은 "많은 언론인이 전두환 체제 구축에 앞장선 것은 사실"이라며 "그런 사람들은 민주 언론 육성을 외면하고 언론 통제를 통해 못살게 굴었다"고 말했다.

신홍범은 "언론사 사주는 5공화국의 피해자로 자처하고 있으나 전두환 정권과 제도 언론은 공동 정범"이라고 지적했다. 기자들에 대한 촌지와 관련해 이광표는 "추석, 연말, 여름휴가철에 관례에 따라 성의를 표시했다"고 말했다.

전두환 정권이 언론을 어떤 식으로 다뤘는가를 여러 측면에서 생각하게 하는 이야기들이다. 보도지침 폭로 사건을 마무리하기 전에 한 가지 더 짚었으면 한다. 전두환·신군부 정권 때보다 유신 정권 후기에 언론 통제 강도가 더 셌다고 지난번에 얘기했다. 그렇게 판단하는 근거는 무엇인가. 전두환·신군부는 언론 통폐합을 단행하고 언론인 대량 해직 사태를 일으켰으며 보도지침을 통해 일상적으로 언론을 옥죄지 않았나.

언론 통제 강도는 유신 정권 후기에 월등 셌다. 전두환·신군부 정권 때에는 권력의 통제를 당하는 속에서도 신문에 그래도 상당히

쓸 수 있었다. 그와 달리 유신 체제에서는 아예 긴급 조치로 유신 체제와 관련된 어떠한 사항도 보도할 수 없게 했다.

특히 1975년 5월에 나온 긴급 조치 9호가 유신 정권이 무너질 때까지 계속됐는데, 그 시기에는 기본적으로 다 그랬다고 볼 수 있다. 긴급 조치 9호 아래에서는 반유신 시위를 보도하거나 유인물을 타인에게 전달하거나 보여주는 모든 행위를 처벌하게 돼 있었다. 사실 보도 자체를 금한 것이다. 유신 체제를 비판하거나 반대하는 또는 권력 쪽 기준으로 볼 때 비방하는 어떤 것도 보도하거나 타인에게 전달할 수 없게 돼 있지 않았나. 그뿐 아니라 '유언비어 유포'도 처벌하게 돼 있었는데 '유언비어 유포'보다 애매한 것이 없었다. 유신 정부에 관한 것은 찬양 빼놓고 다른 얘기는 아예 하지 말라는 것이나 다름없었다. 그래서 예컨대 1979년 10월 16일, 나중에 부마항쟁으로 불리는 대규모 시위가 일어났는데도 18일 계엄이 선포되기 전에는 어떤 언론 기관도 보도하지 않았다. 전두환·신군부 정권은 그런 식으로까지 하지는 않았다.

그리고 유신 체제 자체가 강권 통치 체제 아니었나. 박정희는 유신 쿠데타를 일으키고 언로를 막았다. 시민들이건 언론인이건 학계건 문화계건 다른 어떤 데건 자기 귀에 거슬리는 얘기는 하지 못하게 긴급 조치로 꽉 쐐기를 박아 막아버렸다. 그러면서 총력 안보와 극단적인 반공주의로 학원뿐 아니라 사회, 국가도 병영화한 것이다.

1980년대에 들어서면서 권력이 예전처럼 마음대로 통제하기가 점점 힘들어졌다. 그런 사회로 변모해 간 것이다. 노동 문제를 보더라도, 전두환 정권이 그렇게 노동 문제에 대해 이런저런 악법 등을 많이 만들어놓을 수밖에 없었던 건 그만큼 통제하기 힘든 쪽으로 사회가 변화했다는 것을 말한다. 그리고 전에 1985년 2·12총선을 다룰 때 얘기하지 않았나. 1978년 12·12선거 때에는 유신 체제에 대한 얘기를 할 수 없었지만, 2·12선거에서는 "광주사태 최고 발포 명령자는 누구인가", 이렇게 소리 지를 수 있었다고. 그건 상당한 차이다.

개헌 분쇄 노린 전두환의 총공세, 유성환 국시 발언 사건과 건국대 사태

6월항쟁의 배경, 열 번째 마당

김 덕 련 1986년 하반기에 전두환 정권은 개헌 움직임을 분쇄하기 위해 다양한 공세를 취했다고 전에 이야기했다. 그 부분을 짚어봤으면 한다.

서 중 석 1986년 봄 개헌 열기가 높아졌다. 또 KBS 시청료 거부 운동이 초원의 불길처럼 시민 사회에 번지고 부천서 성고문 사건이 시민들의 분노를 사면서 시민 의식이 고양됐다. 모두 민주주의를 쟁취해야 한다는 걸 절감하게 한 사건들이었다. 그러나 개헌 열기를 무산시키고 전두환·신군부 헌법에 의해 권력을 계속 이어가도록 하기 위한 전두환의 총공세를 저지하기에는 역부족이었다.

전두환은 전두환·신군부 헌법에 의해 권력이 계승돼야 한다는 확고한 의지를 갖고 있었다. 그건 말할 것도 없이 자신이 선택한 후계자가 안심하고 집권할 수 있는 길이었고, 그래야 퇴임 후 자신의 안전도 보장될 수 있기 때문이었다. 전두환은 5·3 인천 사태 이후 총공세를 폈는데, 그걸 살펴보기 전에 잠깐 아시안게임을 언급하고 넘어가자.

1986년 9월 20일부터 16일간 계속된 제10회 아시안게임은 서울에서 처음으로 열린 대규모 국제 대회였다. 27개 국가, 선수·임원 4,839명이 참가했는데 한국 선수들은 금메달 93개, 은메달 55개, 동메달 76개라는 뛰어난 성적을 올리며 중국에 이어 두 번째로 많은 금메달을 획득했다. 86아시안게임은 2년 후에 열릴 서울올림픽 예비대회라는 성격도 지니고 있었다. 이 아시안게임은 올림픽과 마찬가지로 유치할 때부터 정권 차원에서 정치적으로 이용하려는 목적이 강했는데, 1986년 하반기에 전두환이 총공세를 펴는 데 유리한 여건을 조성했다.

《서중석의 현대사 이야기》 13권에서 살펴본 것처럼 박정희는 도전받는 유신 체제를 수호하기 위해 1975년부터 총력 안보 태세 확립, 전 국가의 병영화를 위한 총공세를 폈는데 전두환은 1986년 하반기에 개헌 투쟁을 무력화하기 위해 총공세를 펼쳤다. 박정희는 1975년 4·29 특별 담화를 시작으로 인도차이나 사태를 이용한 총력 안보궐기 대회 개최, 긴급 조치 9호 선포, 4대 전시 입법, 끊임없는 남침 공포 조장과 간첩 색출하기 등을 통해 총력 안보 운동을 벌였다. 여기에는 포항 석유설 허위 발표도 한몫했고 심지어 재일 교포 유학생 간첩 사건까지 조작, 발표했다.

전두환의 1986년 하반기 총공세 또는 민주화 운동 세력에 대한 초토화 작전은 민주화 운동 세력의 체포, 수배를 필두로 여러 형태로 전개됐다. 전두환은 아시안게임이 한창이던 9월 하순부터 끊임없이 비상 조치 계획을 만지작거리면서 그와 관련된 작전을 펴 야당을 겁먹게 하고 기죽였다. 그리고 박정희처럼 극우 반공 이데올로기를 이용해 신민당 유성환 의원의 원내 발언을 국시 사건으로 만들고 건국대(건대) 사태 등을 일으켰으며 포항 석유설 허위 발표와 유사한 점이 있는 금강산댐 사건, 김일성 사망설 및 야당 탄압과 분열 조장으로 개헌 투쟁을 무력화하고 개헌 운동을 죽이는 데 총력을 기울였다. 박정희는 모든 작전을 흔들리는 유신 체제를 지키기 위해 펼쳤는데, 전두환은 개헌 투쟁을 무력화하기 위해 총력전을 벌였다.

"국시는 반공 아닌 통일" 유성환 발언에
'잘 걸렸다' 쾌재 부른 전두환

─── 유성환 의원의 국시 발언 사건, 어떻게 전개됐나.

1986년 10월 13일 신민당 김현규 의원이 국회에서 강경 발언을 했다. 김 의원은 이른 아침부터 밤늦게까지 계속되는 스포츠 방송을 통한 대중 조작, 영동 일대의 호화 유흥업소 어디서든 볼 수 있는 황색주의 등 정부의 3S(스포츠, 섹스, 스크린) 정책, 우민 정책이 범람하고 있다고 신랄히 규탄했다. 그뿐 아니라 "생사여탈권을 어느 한쪽이 쥐고", "존속할 가치와 자격이 없는 정권", "군사 정권 종식을 위한 국민과의 연대 투쟁" 등 강경한 발언을 쏟아냈다.

민정당은 발끈했다. 그렇지만 이 문제는 민정당이 퇴장하는 것으로 끝났다. 민정당은 발언 취소 및 사과를 요구했다가 그 부분을 더 이상 주장하지 않기로 했다. 그렇게 해서 김현규 발언 문제는 일단락됐다.

그런데 전두환이 크게 문제 삼은 발언이 그다음 날 나왔다. 10월 14일 유성환 의원은 국회 본회의에서 이렇게 발언했다. "총리, 우리나라의 국시는 반공입니까? 반공을 국시로 하면서 올림픽 때에는 동구 공산권 나라들도 참가시킬 것입니까? 나는 반공 정책을 없애자는 말이 아닙니다. 그것은 오히려 발전시켜야 합니다." 그것에 이어 "이 나라의 국시는 반공이 아니라 통일이며, 어떤 체제도 민족에 우선할 수 없습니다"라고 말했다. 또한 유 의원은 "부천(서) 성고문 사건은 반문명적, 반인간적, 천인공노할 범죄며 이미 자식을 교육하고 있는 모든 학부모들로 하여금 이 땅에서 살아갈 희망을 잃게 하고 있습니

1986년 10월 17일 자 경향신문. 민정당은 유성환 의원 발언이 국가보안법 위반이라며 체포 동의안을 단독으로 기습 통과시켰다. 17일 새벽 유성환 의원은 전격적으로 체포, 구속됐다.

다"라고 지적했다. 이런 발언도 했다. "부정, 사기 공사가 어떤 것인지를 알지 못하는 사람은 한국독립기념관에 와 보십시오."

그야말로 전두환 정권의 아픈 곳을 콕콕 찔러댔다고 볼 수 있으나, 그 내용을 살펴보면 지극히 상식적인 주장이었다. 따라서 신민당역시 유성환 의원의 발언은 당의 의견이라고 옹호했다. 당연한 일이었다. 그런데 그다음 날(15일) 정부는 유성환 의원 체포 동의 요구서를 국회에 제출했다.

─ 현직 국회의원이, 상식에 부합하는 발언을, 그것도 국회 본회의에서 했는데 왜 문제가 된 것인가. 전두환 정권의 속내는 무엇이었나.

1986년 봄에 개헌 정국이 조성되지 않았나. 전두환 머릿속에는 어떤 수단을 써서라도 그걸 뒤집어엎고 1987년에 있을 차기 대선을 자기 복안대로 끌고 가야 한다는 생각만 가득 들어 있었다. 유성환 발언을 듣는 순간 전두환은 유성환이 자신의 그물에 걸려들었다며 쾌재를 불렀다고 한다. 상식선에서 보면 '그게 무슨 정신 나간 소리냐'고 하겠지만, 《전두환 육성 증언》에 그대로 나온다. 유성환 발언 이틀 후인 10월 16일 전두환은 청와대 회의에서 정무1수석비서가 유 의원 제명 동의안이 통과되기 어렵다고 보고하자 "이번에 신민당이 잘 걸려들었다. 내가 정국을 주도해서 긴장시킬 수 있는 방안이 없겠느냐 생각해오던 차였는데 유성환이가 도와주는 셈"이라고 말했다.

전두환이 이 얘기를 한 16일 그날 밤 국회의장 이재형은 본회의 장소를 바꾸고 경호권을 발동, 800여 명의 사복 경찰을 동원해 야당 의원들의 출입을 봉쇄했다. 민정당은 유 의원 발언이 국가보안법 위반이라며 체포 동의안을 단독으로 기습 통과시켰다. 17일 새벽 유 의원은 전격적으로 체포, 구속됐다.

발표할 원고를 대정부 질문 직전에 기자들에게 배포한 건 당연히 면책특권에 포함된 행위였고, 40년 동안의 관행이기도 했다.˚ 그러나 전두환에게는 기다리던 차에 잘 터진 사건으로 보였다. 전두환의 폭주는 여기서 멈추지 않았다.

˚ 10월 15일 서울지검은 유성환 의원의 국회 본회의 발언 및 대정부 질문 원고 내용을 문제 삼아 구속 영장을 신청했다. 검찰은 유 의원의 대정부 질문 원고가 본회의 발언 전에 국회 기자실에 배포돼 국회 밖으로 유출됐기 때문에 면책특권 대상이 아니라고 강변했다.

그물에 걸려든 큰 먹잇감으로
전두환에게 보였을 건대 사태

— 젊은 독자들 중에는 건대 사태가 생소한 이들이 적지 않을 것
같다. 어떤 사건이었나.

건국대 사태는 10월 28일 애학투(전국 반외세 반독재 애국학생투쟁연
합) 결성식부터 10월 31일 경찰의 육·해·공 작전에 의해 해방 후 단
일 사건으로 가장 많은 인원을 체포, 구속한 것까지를 가리킨다. 전
두환이 예기하지 않았던 건대 집회 사건을 계기로 학생 운동에 대한
초토화 작전 또는 총공세를 편 것, 그게 건대 사태다. 그 점에서 유성
환 의원의 국시 발언 사건과 비슷하게 전두환한테는 그물에 걸려든
큰 먹잇감으로 보일 수 있었다.

10월 28일 건국대에서 27개 대학 학생 약 2,000명이 참가해 '전
국 반외세 반독재 애국학생투쟁연합 결성식 및 친미 독재 타도와 분
단 이데올로기 분쇄를 위한 실천 대회'가 열렸다. 학생 운동 쪽 대회
에 긴 이름이 많지만, 이것처럼 이름이 긴 건 드물다. 이 집회를 이해
하려면 대학가의 운동권 흐름을 살펴볼 필요가 있다.

— 이 시기에 학생 운동 분위기는 어떠했나.

1986년 3월 18일 서울대에서 반전 반핵 투위(반전 반핵 평화 옹호
투쟁위원회)가 발족했고, 3월 29일에는 구학련(구국학생연맹)이 비밀리
에 조직됐으며, 4월에는 그 행동 단체로 자민투(반미 자주화 반파쇼 민주
화 투쟁위원회)가 발족했다고 지난번에 얘기하지 않았나. 자민투가 탄

생한 그 4월에 민민투(반제 반파쇼 민족 민주 투쟁위원회)가 조직됐다. 민민투는 기관지로《민족 민주 선언》을 발간했다. 4월 29일에는 각 대학 민민투의 연합 조직으로 '전국 반제 반파쇼 민족 민주 학생연맹', 약칭 전민학련 또는 민민학련이 연세대에서 결성됐다. 전민학련은 자신들이 1985년에 조직된 전학련(전국학생총연합), 삼민투(민족 통일 민주 쟁취 민중 해방 투쟁위원회)의 정통적 계승자임을 자임했다.

자민투가 처음에 조직됐을 때 서울대에서는 자민투가 우세했다. 그렇지만 다른 대학들에는 민민투만 있었다. 자민투는 다른 대학에 조직을 심기 위해 유인물을 보내는 등 각종 선전 활동을 진행했다. 전민학련, 그러니까 민민투 쪽의 두꺼운 벽을 뚫기 어려워 보였는데도 자민투의 조직 확대 작업은 성과를 거뒀다. 여름 방학을 거치면서 많은 대학이 자민투 노선으로 바뀌어갔다. 그러면서 고려대에서는 애국학생회, 연세대에서는 반미구국학생동맹이 출범하는 등 서울대의 구학련과 같은 성격의 조직이 다른 대학에서도 만들어졌다.

그런데 10월에 들어와 반제 투쟁론 계열, 즉 자민투 쪽은 큰 시련에 부닥쳤다. 10월 13일 서울대 대자보 사건이 터진 것이다. 북한에서 나온《민주 조선》사설을 그대로 옮겨 적은 대자보를 일반 학생이 다니는 곳(서울대 인문대 5동 건물 벽)에 붙였다는 것 자체가 사회에 큰 충격을 줬다. 지금은 좀 다를 수도 있겠지만 이 당시만 해도 그랬다. 구학련에서는 북한 바로 알기 운동의 첫 시도로 반공 이데올로기에 충격 요법으로 대응해보자는 의미에서 그러한 대자보 작업을 한 것이라고 주장했다. 그러나 이 대자보 사건은 그렇지 않아도 탄압할 만한 큰 사건을 찾고 있었던 전두환 정권에 좋은 빌미가 됐다. 구학련 관계자들은 이미 5월부터 계속 체포되고 있었는데, 서울대 대자보 사건으로 구학련 조직은 매우 약화됐다.

그런 속에서도 여름 방학 중에 많은 대학의 운동권이 자민투 노선으로 기울자, 구학련은 민민투 조직을 끌어들여 전민학련을 대신하는 새로운 조직을 만들고자 했다. 새 조직을 만드는 문제는 10월에 구체적으로 논의됐다. 그 결과 새 단체 이름을 애학투로 정하고 10월 28일 건국대에서 결성식을 열기로 했다. 대회 장소를 건국대로 정한 건 당국이 눈치를 채기 어렵고 평지인 데다가 출입구도 많아서 드나들기 용이했기 때문이다. 애학투 발족 선언문에 서명한 대학은 자민투보다 민민투 쪽이 더 많았고 부산대 자민투, 인천대 민민투 등 지방 대학에서도 가담했다.

학내에 가둬놓고 육·해·공 초토화 작전
…언론은 '과격 용공분자 난동'으로 보도

—— 건대 사태, 어떻게 시작됐나.

10월 28일 건대에서 아주 긴 이름의 학생 집회가 진행되고 나서 전두환과 로널드 레이건 미국 대통령, 나카소네 야스히로 일본 수상, 제임스 릴리 주한 미국 대사 등의 허수아비 화형식이 열렸다. 마지막으로 구국 행진이 선포된 순간 경찰 병력이 정문과 후문 등 여러 곳에서 들이닥쳤다. 그때까지 경찰은 건국대에 들어오는 여러 대학 학생들에 대해 검문검색을 하지 않았다. 자유스럽게 들어가게 한 다음에 구국 행진이 선포된 순간 일시에 들이닥친 것이다.

그런데 저녁이 됐는데도 에워싼 병력을 철수시키려 하지 않았다. 이전과는 다른 모습이었다. 학생들이 빠져나가도록 하지 않고 학

10월 28일 애학투 결성식이 건국대에서 열렸다. 전두환 허수아비 옆에, 당시 일본 총리였던 나카소네 야스히로와 미국 대통령이었던 로널드 레이건의 허수아비가 세워져 있다. 사진 출처: 10·28건대항쟁계승사업회

생들을 학교 안에 가둔 것이다. 학생들은 이날 농성이 있을 것이라고 는 전혀 생각하지 않고 집회에 나왔다. 경찰이 포위하자 일부 학생은 담을 넘거나 해서 피신했지만 대부분의 학생은 떠밀려서 어쩔 수 없 이 이 건물, 저 건물에 들어갔다. 계획에 없던 농성에 돌입할 수밖에 없게 된 것이다. 그렇게 해서 전두환 정권의 1단계 작전은 성공했다.

2단계 작전은 정권에서 따로 시키지 않아도 잘돼갔다. TV뿐만 아니라 신문들도 '과격 용공분자의 난동 사건'이라며 이 사건을 대 대적으로 보도했다. 본의 아니게 농성에 참여하게 된 학생들은 '건대 농성은 미리 계획된 공산 혁명분자들의 점거 농성'이라고 보도하는 TV 화면을 두 눈으로 봐야 했다. 그렇지만 마땅히 항의할 방법이 없 었다. 그래서 학생들은 농성장에서 손나발을 만들어 "애국 시민 여러 분, 우리는 빨갱이가 아닙니다. 우리는 민주주의를 꿈꾸는 애국 학생

복면의 運動圈들 「반공 이데올로기 분쇄투쟁」을선언하고 건국대건물을 점거 한학생들이 건물옥상에서 눈만남긴 복면을하고 3일째 농성을 하고있다. 〈金雲山기자〉

위: 집회를 마친 학생들이 깃발을 들고 어깨동무를 하며
행진을 하고 있다. 사진 출처: 10·28건대항쟁계승사업회
아래: 1986년 10월 30일 자 경향신문에 실린 사진.
TV뿐만 아니라 신문들도 학생들의 농성을 '과격
용공분자의 난동 사건'이라며 대대적으로 보도했다.

위: 학교 건물 옥상에서 농성하고 있는 학생들.
애학투의 유인물 내용 가운데는 '직선제 쟁취 투쟁' 등
6월항쟁으로 이어지는 것들도 있었다.
아래: 농성하고 있는 학생들 위로 헬기가 등장했다. 당시
경찰은 헬기 2대를 동원해 사과탄과 소이탄을 퍼부었다.

열 번째 마당

들입니다"라고 외쳤다. 하지만 헛수고였다. 언론은 계속 자기들 입맛에 맞는 것만 과장해서 보도했다. 특히 "6·25는 범민족적인 해방 전쟁", "해방의 민주의 그날을 위해 최후의 일인까지 핏빛 눈초리로 저들을 응시하며 저들에게 분노의 화살을 박자"가 표적이 됐다. 그런데 애학투의 유인물 가운데에는 6월항쟁으로 이어지는 것들이 있었다.

학생들, '직선제 쟁취 투쟁 지지' 호소
8,000명 무장 경찰의 대규모 체포 작전

── 그게 무엇이었나.

'전두환 일당 장기 집권 음모 분쇄와 민주 제 권리 쟁취 투쟁 선언문'에서 학생들은 "직선제 쟁취 투쟁을 올바로 수용해야 합니다. 직선제 쟁취 투쟁은 지금 대중 운동의 수준에 있어서 대중 투쟁을 행동화시키기에 유용한 슬로건인 것입니다"라고 주장했다. 또한 신민당에 대해서도 "신민당의 직선제 쟁취 투쟁에 지지를 보내며 …… 함께 뭉쳐 투쟁의 횃불을 높이 올립시다"라고 호소했다. 민주 대연합 논리의 틀이 학생 운동 주류에서 나온 것이다. 김대중, 김영삼의 마음에 쏙 드는 주장으로 대단한 변화였다. 학생들은 올림픽을 남북이 공동으로 개최하자는 제안도 했다.

그런 가운데 전두환 정권은 3단계, 즉 체포 작전에 돌입했다. 10월 29일 일부 농성장에서 물도, 전기도, 외부와 연결된 전화도 끊겼다. 식량도 문제였다. 사전에 농성을 계획하고, 음식을 비롯한 생필품을 준비하고 들어간 게 아니지 않았나. 전혀 예상치 못한 일이 연이어 일어나면서 공포감에 휩싸이는 학생도 상당수 있었다.

10월 31일 '농성' 학생들의 다섯 배가 더 되는 무장한 경찰 병력 7,950명이 육·해·공 진압 작전을 펼쳤다. 먼저 헬기 2대가, 학생 시위 진압에 최초로 등장한 헬기라고 하는데, 중앙도서관 위에서, 본관, 사회과학관을 향해서도 사과탄과 소이탄을 퍼부었다. 밑에서는 소방차가 물을 뿌렸다. 수공 작전으로 옥상에는 물이 흥건했다. 그것에 이어 보병인 전경들이 진입했다. 일부 학생들은 의자 등에 불을 지르고 화염병을 던지며 완강히 저항했다. 그런 가운데 헬기가 학생회관 건물에 '투항'을 권유하는 전단을 뿌리며 방송했다. 꼭 영화의 한 장면 같았다. 지칠 대로 지친 일부 학생들은 '백기'를 흔들며 살려달라고 소리쳤다. 그러나 경찰은 최루탄 발사와 몽둥이질을 멈추지 않았다. 애가 탄 학부모들은 바깥에서 전경들에게 자녀들의 생사만이라도 확인하자고 고함을 쳤지만, 최루탄 세례를 받았을 뿐이다.

이 같은 아수라장 속에서도 학교에서 염려하던 본관 4층 컴퓨터실과 1층 학적과 사무실은 아무런 이상이 없었다. 건물 안벽에는 '반공 이데올로기 깨부수고 남북 통일 이룩하자' 등의 구호가 여기저기, 어지러이 적혀 있었다. 오전 10시 20분경 작전은 끝났다. 집회가 시작된 지 3일 만이었다.

1,288명, 단일 사건 최대 구속…
장세동 "한두 명 사형 선고 고려"

—— 구상대로 일망타진한 전두환 정권은 학생들에게 어떤 처분을 내렸나. 그리고 이 사건은 대학가에 어떤 영향을 끼쳤나.

建大농성大學生 전원連行

오늘아침 警察8千명투입 1,185명 시위진압

檢察대부분拘束키

강제 連行 진압작전에 나선 경찰관들이 농성중인 학생들을 연행돼 나오고 있다.

1986년 10월 31일 자 동아일보. '황소 30'으로 명명된 이 '작전'에서 여학생 513명을 포함해 무려 1,525명이 연행됐다. 육·해·공 진압 작전 모습은 TV에 그대로 나와 학생뿐만 아니라 일반인들에게도 두려움을 줬다.

'황소 30'으로 명명된 이 '작전'에서 여학생 513명을 포함해 무려 1,525명이 연행됐다. 애학투와 관련이 없는 건국대 학생들 또는 학생이 아닌 시민이 연행된 경우도 있었다. 연행자 중 53명은 이런저런 부상으로 경찰병원에 후송됐다. 연행자 1,525명 중 1,288명(1,265명은 현장 구속, 23명은 나중에 추가 구속)이 구속됐다. 이건 일제 강점기와 해방 이후를 통틀어 단일 사건으로는 최대 구속이라고 당시 얘기했다. 구속된 1,288명 중 893명은 기소 유예로 풀려났고 395명이 기소됐는데, 어느 것이나 말 그대로 기록적이었다. 한편 건대 사태가 일어났을 때 서울대 등 19개 대학 학생 8,000여 명은 강제 진압에 항의하는 시위를 벌였다.

건대에서 학생들이 대거 연행, 구속된 지 3일 만인 11월 3일 청와대 정무수석비서관은 '공산 혁명분자 폭력 난동 사건'으로 이 사건 명칭을 통일해서 쓰겠다고 전두환에게 보고했다. 그러자 전두환은 학생들을 집회 및 시위에 관한 법률로 걸지 말고 방화, 파괴, 침입 등의 죄목을 학생들에게 적용하라고 상세히 지시했다. 집시법을 적용하면 정치범이 되기 때문이기도 했지만, 방화범, 파괴·침입죄가 훨씬 악질 범죄로 보일 수 있어서였다. 그것에 이어 11월 15일 장세동 안기부장은 안기부 간부 회의에서 "건국대 사태와 관련해 한두 명 정도에게는 사형 선고까지 고려하라"고 지시했다.

─── 이 사건은 대학가에 어떤 영향을 끼쳤나.

건대 사태는 학생들에게 큰 상처를 남겼다. 정권 수뇌부의 지휘 아래 헬기까지 동원되고 최루 가스가 하늘을 뒤덮고 소방차에서는 물을 뿜어대지 않았나. 그러한 육·해·공 작전과 연행, 구속은 학생들에게는 너무나 무시무시한 공포감을 줬다. 이 일로 많은 학생이 정신적, 육체적으로 고통스러워했다. 구속되지 않은 학생들은 수배자로 쫓기는 생활을 해야 했다. 그뿐 아니라 육·해·공 진압 작전 모습은 TV에 그대로 나와 학생뿐만 아니라 일반인들에게도 두려움을 줬다. 전두환 정권이 건대 사태 관련 학생들을 용공 좌경 세력으로 몰아세운 것이 학생들과 각 대학의 학생 운동 조직에 준 타격도 컸다. 그렇게 된 데에는 학생들이 내세운 반미와 연북聯北 주장이 일반 시민들에게는 너무나 급진적인 것으로 다가간 점도 영향을 주었다.

1986년은 낭만이 사라진 해였는데 건대 사태로 학생들은 더욱 힘들어했다. 이해 서울대에서는 유독 휴학이 많았다. 학교가 무서워 나오기 싫다는 학생도 있었다. 가을이 깊어갈수록 고민, 불만, 걱정이 커졌고 두려움과 염증이 깊어졌다. 학교 앞 술집에서는 노랫소리가 사라졌고 술만 먹으면 울곤 하는 학생이 늘어났다.

    그렇지만 애학투 집회에서 직선제 쟁취 투쟁을 내세우고 "신민당의 직선제 쟁취 투쟁에 지지를 보내며 …… 함께 뭉쳐 투쟁의 횃불을 높이 올립시다"라고 호소한 것은 중요한 의미가 있었다. 6월항쟁에서 직선제 쟁취라는 단일 구호 아래 민주 대연합이 이뤄지게 되는데, 그건 바로 학생 운동 주류가 직선제 쟁취를 지지했기 때문에 가능한 일이었다.

    건대 사태로 자민투와 민민투, 곧 NL과 CA는 또다시 첨예한 갈등을 겪게 된다. 그런 상태에서 11월에 일부 대학에서 학생회장 선거가 치러졌다. NL 노선을 표방한 총학생회 후보들은 비폭력 평화 투쟁, 학원 민주화, 민주 정권 수립 등을 공약으로 내놓았다. 그와 달리 CA 노선을 내세운 총학생회 후보들은 1987년 대선 기간을 혁명적 시기로 규정하고 제헌 의회 소집 투쟁 및 그와 연결된 폭력 투쟁도 불사한다는 공약을 내놓았다. 투표 결과 NL 쪽 후보들이 대거 당선됐다. 그렇게 해서 학생들이 민주 대연합에 대단히 중요한 한 축으로 동참할 수 있게 됐다.

개헌 열기 무산 노린 전두환의 희대의 '공포 사기극', 금강산댐 사건

6월항쟁의 배경, 열한 번째 마당

김 덕 련 전두환의 1986년 하반기 총공세 중 유성환 의원의 국시 발언 사건과 건대 사태를 살펴봤다. 이번에는 금강산댐 사건을 짚어봤으면 한다. 북한의 수공이 임박한 것처럼 각계에서 부산을 떨고 방어용 댐을 만들어야 한다면서 성금을 거두는 등 어수선했던 분위기가 지금도 기억난다. 누가, 왜 그런 소동을 일으킨 것인가.

서 중 석 건대 사태(1986년 10월 28~31일)가 일어났을 때 전두환 정권은 금강산댐 사건에 대해 발표했다. 그러면서 북한을 규탄하는 반공 대회가 잇따라 열렸다.

금강산댐 사건은 당시 동아일보 편집국장이었던 이채주가 자신의 저서에서 "모든 구상과 계획과 발표는 장세동 씨의 안기부가 직접 주도했다"고 증언했듯이 처음부터 끝까지 안기부, 더 정확하게 말하면 전두환과 장세동의 작품이었다. 개헌 열기를 무산시키고 신민당과 재야 민주화 운동 세력의 개헌 투쟁을 무력화하기 위해 안기부가 주도해서 계획을 세워 실행한 사건이었다.

금강산댐 위협 과대 포장하고
각 부처의 단계별 행동 각본 꾸민 안기부

── 그러한 계획을 언제 세웠나. 당시 안기부에서는 금강산댐 규모가 어느 정도라고 파악했나.

그 계획을 정확히 언제 세웠는지는 확실치 않다. 김영삼 정부 첫해인 1993년 감사원은 평화의 댐 사업에 대한 특별 감사를 실시하고 그 결과를 그해 8월 31일 발표했다. 1993년 8월 감사원이 작성한 문건인 '평화의 댐 건설 사업 추진 실태'를 보면, 금강산댐에 대한 1차 분석이 1986년 6월 22일부터 8월 20일 사이에 이뤄진 것으로 나와 있다.* 이때는 안기부 직원 1명과 한국전력 4급 직원 1명이 불과 8시간 만에, 그것도 댐 위치도 확인하지 못하고 부정확한 첩보를 근거로 추정했다. 이들은 댐 높이가 215미터나 되고 저수량이 199.7억 톤이나 된다는, 아주 심하게 과대 포장한 추정을 내놓았다.

그 후 안기부에서는 분석 인원을 3명으로 늘려 그해 8월 21일에서 10월 25일 사이에 2차 분석을 한 것으로 나와 있다. 이때는 댐 위치 확인 등 추가 첩보가 입수된 상태였는데 댐 높이는 155미터, 저수량은 69.8억 톤이라고 분석했다. 1차 분석 때보다 높이는 60미터 줄어들었고 저수량은 3분의 1 정도밖에 안됐다. 그렇게 축소 수정한 수치를 내놓았다.

이렇게 1차, 2차에 걸쳐 금강산댐에 대해 분석한 것으로 나와 있다. 그런데 안기부가 그해 10월에 작성한 것으로 돼 있는 '성명서 발표 및 기자 회견 계획'을 보면 안기부 2차장 이학봉 주재로 10월 25일 대책 회의가 열려 계획이 시달된 것으로 나온다. 늦어도 이때쯤에는 전두환이 펼친 총공세의 일환으로 금강산댐을 대규모 사건화하기로 결정했음이 틀림없다. 안기부는 금강산댐 건설을 정치적으로 이용하기 위한 시나리오로 단계별 세부 전략을 세웠다.

---

* 북한은 1986년 4월 금강산 수력 발전소를 건설할 계획이라고 밝히고, 10월 21일 착공식을 했다. 북한은 원산 지역에 위치한 공장들에 전력을 공급하고 안변 일대에 농업용수를 제공하기 위해 이것을 건설한다고 밝혔다.

―― 어떤 전략을 짜서 실행했나.

디데이를 정하고, 공사 규모가 얼마나 위협적인지 현실감 있게 인식할 수 있도록 하는 발표를 그날 건설부 장관이 공개 폭로 방식으로 하기로 했다. 디데이+7일에는, 그러니까 건설부 장관의 공개 폭로가 있은 지 7일 후에는 국방부 장관이 수공을 통한 북한의 군사 전략적 책략에 대해 경고하기로 했다. 디데이로부터 14일 후에는 문공부 장관이 북한에 계획을 포기하라고 촉구하기로 했다. 또한 국방부 장관, 건설부 장관, 문공부 장관, 통일원 장관이 합동으로, 이게 디데이로부터 며칠 후인지는 안기부 자료에 명시돼 있지 않은데, 금강산댐 건설에 대응하는 조치를 공표하기로 했다.

디데이는 10월 30일이었다.[*] 단계별 세부 전략에 나온 그대로, 이날 건설부 장관 이규효는 대북 성명문을 발표했다.

안기부가 기획한 디데이에 행동 개시한
건설부 장관의 가공할 만한 발표

―― 어떤 내용이었나.

이규효 장관은 북한이 건설을 추진하고 있는 시설 용량 80만 킬

---

* 이 사건에서 눈여겨볼 대목 중 하나는 전두환 정권이 이것을 발표한 시점이다. 10월 30일은 뜻하지 않게 건국대에 갇혀 있던 학생들을 상대로 전두환 정권이 대대적인 진압 작전을 펴기 전날이었다.

1986년 10월 30일 자 경향신문. 이규효 장관은 북한이 건설을 추진하고 있는 시설 용량 80만 킬로와트 이상의 금강산 발전소 댐이 붕괴하면 수도권 등지가 황폐화한다고 주장했다. 또한 이 댐의 건설로 한반도 동부 지역의 자연 생태계가 파괴되는 가공할 만한 결과가 초래된다고 지적했다.

로와트 이상의 금강산 발전소 댐이 붕괴하면 수도권 등지가 황폐화한다고 주장했다. 또한 이 댐의 건설로 한반도 동부 지역의 자연 생태계가 파괴되는 가공할 만한 결과가 초래된다고 지적했다.

이 장관은 200억 톤의 물을 담을 수 있는 이 댐이 자연적 또는 인위적으로 파괴될 경우 안전 문제는 우리의 최대 관심사가 아닐 수 없다고 말했다. 아울러 이 댐이 우리 쪽에 잠재적 위협이 되는 시기는 9억 톤 정도가 저수될 때부터라고 주장했다.

이날 이 장관은 이 댐이 무너지면 어떤 일이 벌어질 것이라고 보는지에 대해서도 얘기했다. 우선 9억 톤 안팎을 저수한 댐이 붕괴하면 강원도 화천 이남 5개 댐의 안전에 직접 영향을 줄 것이라고 밝혔다. 그것에 더해, 1984년 9월에 있었던 한강 홍수 때의 10배에 달하는 물이 한강 제방을 넘쳐 수도권을 포함한 한강 전역이 가공할 수

마로 뒤덮일 것이 분명하다고 강조했다.

그런데 이 댐의 저수량이 200억 톤이라고 이규효가 말하지 않았나. 따라서 9억 톤의 물이 주는 피해가 그렇게 엄청나다면 200억 톤의 물이 가득 찼을 때 댐이 무너질 경우 어떻게 되겠느냐, 이걸 생각하지 않을 수 없는 것 아닌가. 그것에 대해 이규효 장관은 200억 톤을 만수했을 때 댐이 무너지면 화천 이남 5개 댐이 모두 파괴되고 서울, 강원, 경기 등 한반도 허리 부분이 완전히 황폐화하는 등 상상을 초월하는 재해가 초래될 것이라고 밝혔다.

그야말로 무시무시한 발표였다. 신문에서는 이 발표를 대문짝만하게 보도했다. 그뿐 아니라 여러 면에 걸쳐 더 자세히 해설을 하는 등 아주 크게 다뤘다.

200억 톤 물로 한반도 허리 황폐화?
파괴 목적으로 댐을 건설할 수는 없다

— 이규효는 무엇을 근거로 그런 발표를 한 것인가. 금강산댐이 대남 공격용이라고 볼 충분한 근거가 있었나.

이규효 장관이 발표한 저수량 200억 톤, 이건 1차 분석 때 안기부 직원 1명이 한국전력 4급 직원 1명과 함께 불과 8시간 만에, 댐 위치도 확인하지 못한 상태에서 저수량이 199.7억 톤이라고 심하게 과대 추정한 바로 그 수치를 가리킨다. 1차 분석에 워낙 허점이 많았기 때문에 안기부에서 분석 인원을 늘려 2차 작업을 했고, 그때는 그래도 1차 분석 때보다는 사실에 좀 더 가깝게 저수량이 69.8억 톤이라고 수정하지 않았나. 사실 2차 분석 결과도 과장된 것이긴 한데, 안기부 기획대로 이규효 장관은 1차 분석 때 터무니없이 과대 추정한 200억 톤으로 국민들한테 발표한 것이다. 정치적 의도로 발표했다는 게 이 점에서도 뚜렷하게 드러난다.

이제 인위적으로 댐을 파괴해 남측을 공격, 상상을 초월하는 재해를 초래한다는 것이 현실성 있는 이야기였나를 살펴보자. 1993년 8월 감사원이 작성한 문건을 보면 파괴 목적으로 댐을 시공하는 것은 그 자체가 어렵다고 돼 있다. 폭파 전문가들에게 의뢰해 분석한 결과, 전두환 정권이 발표한 것과 달리 댐 중앙부 점토 부분에 대형 갱구를 만들어 폭약을 설치하는 게 거의 불가능한 것으로 드러났다고 감사원은 발표했다. 파괴 목적으로 댐을 시공할 수가 사실상 없다는 말이다.

감사원은 댐을 축조한 후 인위적으로 파괴할 가능성도 희박하다고 지적했다. 그뿐 아니라 설령 사력沙礫댐이 붕괴하더라도 댐 밑바닥까지, 그러니까 댐 전체가 붕괴하는 건 아니라고 밝혔다.[*] 안기부는 금강산댐이 인위적인 방식으로든 자연적으로든 댐 밑바닥까지 완전 붕괴할 것이라고 분석했지만, 실제로는 그렇지 않다는 얘기다.

감사원은 안기부가 금강산댐에서 200억 톤의 물이 완전 방류될 경우 수도권 등이 황폐화하는 것으로 판단했으나, 이규효 장관이 자세히 이야기한 그 내용인데, 그것 역시 사실과 거리가 멀다고 발표했다. 감사원은 금강산댐 규모가 최대 저수량 59.4억 톤, 이건 안기부의 2차 분석 결과보다도 작은 규모인데, 보통 때에는 그 절반에도 못 미

● 사력댐은 중앙 부분은 점토로, 주변부는 자갈과 모래로 다지고 돌을 쌓아 만든 댐을 말한다.

1986년 11월 12일에 열린 북한 금강산댐 규탄 시민
궐기 대회. 수많은 사람들이 정권 차원의 '공포
사기극'에 속은 셈이다. 사진 출처: e영상역사관

치는 27.2억 톤이라고 판단했다. 그러한 금강산댐이 일시에, 그것도 완전히 붕괴하는 것에 더해 50년에 한 번 일어날 수 있는 규모의 홍수가 겹치더라도 서울 일부 저지대 지역만 침수할 것이라고 봤다.

이러한데도 전두환 정권은 인위적으로 댐을 파괴한다는 것을 전제로 몹시 과대 포장된 추정을 가지고 사실과 아주 거리가 먼, 국민을 놀라게 하고 현혹하는 발표를 한 것이다. 이규효 건설부 장관 발표는 보통 터무니없는 발표가 아니었다는 것을 감사원 발표로 뚜렷하게 인식할 수 있다.

원폭 투하보다 위력적인 물 공격?
희대의 '공포 사기극'에 부화뇌동한 언론·전문가

—— 이규효의 발표는 전두환 정권이 일으킨 금강산댐 파동의 시작일 뿐이지 않았나.

이규효 장관의 발표가 있으면서 전두환 정권은 '북한이 이 댐을 무너뜨리면 200억 톤의 물이 방류돼 63빌딩 중턱까지 차오를 수 있다', '남산 기슭까지 물바다가 되고 원폭 투하 이상의 피해가 있다'고 주장했다. 제2의 남침 음모라는 주장도 나왔다. 매스컴은 북한의 수공 작전이 핵무기보다 위력적이라는 등 두려움을 부추기는 보도를 연일 내보내며 맞장구를 쳤다. 그와 함께 북한이 88올림픽을 방해하려고 저렇게 하는 것이라는 주장은 물론 심지어 "살수대첩을 모르냐"는 역사 문답까지 나왔다.

안기부는 정치적 목적으로 이용하기 위한 단계별 세부 전략이라는 각본만 만들었던 것이 아니다. 안기부 국장들을 책임자로 한 '금강산댐 건설 규탄 행사 및 홍보 대책 기획 조정 실무위원회' 등을 만들어서 그해 10월 29일부터, 이날은 이규효가 대북 성명문을 발표하기 바로 전날인데, 11월 30일까지 총 28회에 걸쳐 일일 보고도 하게 했다. 예컨대 11월 8일 자 일일 보고에는 강원도민 규탄 궐기 대회 개최 결과 등이 들어 있고 11월 26일 자 일일 보고에는 부산시민 규탄 궐기 대회 개최 결과와 대구시민 규탄 궐기 대회 개최 계획, 시도 규탄 궐기 대회 개최 일정 등이 있다. 보고서의 별첨 자료에는 지역별로 개최된 행사들의 유형과 참가 단체, 인원, 언론사의 취재 내용 등이 기재돼 있다.

── 정권 차원의 '공포 사기극'이었던 셈인데, 한국 현대사에서 손꼽힐 만한 사기극 아닌가 싶다. 정부가 이렇게까지 나서고 언론이나 전문가도 제대로 검증하기는커녕 부화뇌동했으니 국민들로서는 불안감을 느낄 수밖에 없는 상황 아니었나.

그럴 수밖에 없었다. 국정원 과거사위에서 나온 보고서에는 한 달에 걸쳐 민, 관, 군 그리고 언론까지 동원해 홍보한 탓에 전 국민은 금강산댐의 가공할 위력에 공포감을 갖게 됐다고 쓰여 있다.

이 시기에 토목 공학 쪽 교수나 관련자들이 정부 발표를 지원하는 듯한 발언을 한 것도 국민들이 공포감을 갖게 하는 데 크게 기여했다. 교수 등이 그런 발언을 하는 걸 접할 때 '이렇게까지 학문을 악용하는가' 하는 생각이 들지 않을 수 없었다.

금강산댐 사건에서 전두환 정권에 힘을 실어준 대표적인 전문가 중 한 사람이 선우중호 서울대 교수다. 1986년 11월 선우중호는 "금강산댐과 같은 사력댐은 물이 넘치면 순식간에 파괴된다", "1분당 50~60센티미터씩 균열이 계속되면 높이 200미터의 댐은 4~5시간이면 파괴될 수 있다", "200만 톤을 저수할 수 있는 댐에선 10만 톤 정도는 쉽게 내려보낼 수 있고 이 정도만으로도 하류엔 굉장히 큰 피해를 줄 수 있다"며 대응 댐을 건설해야 한다고 적극적으로 주장했다. KBS TV는 선우중호가 이러한 내용으로 주제 발표를 한 세미나를 전국에 녹화 중계했다. 그로부터 10년 후인 1996년 선우중호는 서울대 총장이 됐다. 그 후 명지대 총장 등을 거쳐 2006년에 정년 퇴임하며 청조 근정 훈장을 받았다.

금강산댐 붕괴 논란은 금강산댐 사건 16년 후인 2002년 다시 불거졌다. 2002년 초 금강산댐을 촬영한 위성 사진 등을 근거로 금강산댐이 붕괴할 수 있다는 주장이 제기됐다. 햇볕 정책의 전도사로 불린 임동원 전 통일부 장관은 이것에 대해《피스메이커》에 이렇게 썼다. 〈이 무렵 우리 언론들은 미국 측으로부터 입수한 인공위성 사진을 공개하면서 "북한 금강산댐(안변청년발전소) 세 곳에 균열이 생겨 붕괴될 가능성이 높다"는 주장을 대대적으로 보도했다. "서울이 물바다가 될 것"이라는 불안감이 확산되고 보수 진영에서는 북한을 규탄하고 나섰다. 북측은 이에 대해 "남북 대화를 파괴하려는 미국의 모략에 남측 언론이 놀아나고 있다"며 반발했다. 보수 언론의 이러한 보도 내용이 사실이 아니라는 것이 밝혀지는 데는 상당한 시간이 걸렸다.〉

조선일보가 띄우고 전두환이 부추긴
세기의 오보, 김일성 사망 소동

6월항쟁의 배경, 열두 번째 마당

금강산댐 사건 와중에
"김일성 총 맞아 피살" 터트린 조선일보

김 덕 련 금강산댐 사기극이 한창 진행 중일 때 김일성 사망 오보 소동까지 일어났다. 이 시기에 왜 그런 일이 터졌는지 찬찬히 살펴봤으면 한다.

서 중 석 각 지역에서 또 각계에서 금강산댐 규탄 궐기 대회를 계속 열고 TV 등에서는 엄청난 과장 보도를 하고 전문 학자, 관계자들의 금강산댐 관련 발언이 이어지고 있을 때 김일성 사망설이라는 게 나왔다. 1986년 11월 중순 깜짝쇼랄까 포복절도할 기만적 사건이라고나 할까, 쓰나미처럼 남한을 집어삼키는 것 같은 김일성 사망설이 갑작스레 터졌다.

　1976년 1월 박정희의 포항 석유 발표 때처럼 장기간에 걸친 것은 아니고 짧았지만, 금강산댐 정부 발표와 언론의 각종 과장 왜곡 보도로 김일성에 대한 증오나 적개심이 끓어오르고 있는 시점에서 발표되었기 때문에도, 김일성 사망설은 대중이건 지식인, 언론인이건 히스테릭한 흥분 상태로 몰아넣기에 충분했다. 김일성 사망설에 대한 믿음, 믿고 싶은 마음이 극단적인 반공주의와 뒤엉켜 있었다. 김일성 가짜설을 99.9퍼센트의 한국인이 그렇게 오랫동안 믿어왔는데 대한민국 정부 수립 이후 반공 이데올로기가, 특히 박정희 유신 치하 총력 안보 체제에서 전체주의 방식으로 교육시킨 반공주의가 이렇게 엄청난 효력을 발휘하나 싶어 그저 놀라울 뿐이었다. '반공 세뇌 교육, 반공 이데올로기가 정말 무섭구나'라는 것을 새삼 느꼈다. 사리 분별을 할 수 있는, 정보량이 많은 언론인들조차 한때는 대부분이 다

1986년 11월 17일 자 조선일보 호외. 조선일보는 그 전날인 11월 16일에 이미 '김일성 피살설 동경에 소문 파다, 사실 여부 확인 못해'라는 제목으로 확인되지 않은 기사를 내보냈다.

믿고 흥분했다. 그러한 무시무시한 정신적 공황 상태가 초래된 데에는 이 사건에서 정부 그리고 일부 언론이 도무지 이해할 수 없는 방식으로 발표와 보도를 한 것이 크게 작용했다.

── 김일성 사망 오보 소동의 주역은 조선일보였다. 조선일보는 어떻게 보도했나.

최초로 이 사건에 대해 언급한 것은 조선일보였다. 1986년 11월 16일 조선일보 1면에 사이드 톱으로 '김일성 피살설 동경에 소문 파다, 사실 여부 확인 못해'라는 제목으로 5단 기사가 실렸다.

그다음 날 조선일보는 경악할 만한 기사를 실었다. 호외로 나왔는데 엄청나게 큰 글자로 '김일성 총 맞아 피살', 이렇게 제목을 뽑았다. 김일성이 총에 맞아 죽었다는 것이었다. 그 아래에 굵은 글씨로

1986년 11월 17일 자 경향신문 석간. 이날 경향신문은 "40년 묵은 체증 풀린 것 같다. 금강 댐 만들더니 벌 받았다" 등 각계 반응을 담은 기사를 내보냈다.

〈휴전선 방송 "열차 타고 가다 충격 받았다", 전방 북괴군 영내에 일제히 반기半旗 올려, "군부 중심 심각한 권력 투쟁 진행 중인 듯"〉, 이렇게 적혀 있었다.

그 옆에는 일반 기사보다 굵은 글씨로 이렇게 썼다. "북괴 김일성이 총 맞아 피살됐거나 심각한 사고가 발생, 그의 사망이 확실시된다. 휴전선 이북의 선전 마을에는 16일 오후부터 반기가 게양되었으며 휴전선의 북괴군 관측소 2개소에서는 이날 '김일성이 총격을 받아 사망했다'고 했고 4개소에선 '김정일을 수령으로 모시자'는 대남 방송을 했다." 확인이 안 되거나 전혀 사실이 아닌 얘기를 어떻게 이렇게 썼는지 모르겠는데, 이게 호외로 나왔다.

호외 뒷면엔 '동경(도쿄)엔 군부 불만 세력 저격설'이라는 제목이 대문짝만하게 뽑혔다. 그러면서 또 세로로 주요 내용을 설명했다. 그 가운데 네 번째가 정말 기이하고 도깨비 같은 기사였다. 조선일보가 세계적 특종을 했다는 것이었다. "조선일보사는 16일 자에서 김일성의 피살설을 세계 최초로 특종 보도했다. 김의 피살설이 처음 들어온 것은 15일 오후 9시 30분께였다. 본사 김윤곤 특파원은 일본 정부 소식통으로부터 김이 피살된 것 같다는 첩보를 입수, 이를 확인하는 과정에서 여러 증상이 나타나 이를 긴급 본사에 송고, 세계적인 특종을 하게 된 것이다. 일본 신문들도 17일 자 조간에서 본지를 인용, 김의 피살설을 보도했다." 이게 17일에 나온 조선일보 호외의 주된 내용이다.

이러한 조선일보 보도도 큰 문제였지만, 그것 못지않게 국민들한테 엄청난 영향을 준 것은 정부의 발표였다.

"확인은 안 되었지만 보도는 필요"
정치적으로 김일성 사망설 이용한 전두환

―― 전두환 정권은 어떤 모습을 보였나.

《전두환 육성 증언》을 보면 전두환은 11월 16일 네 차례에 걸쳐 보고를 받고, 김일성 사망설에 대한 보고일 텐데, 북한의 심리전으로 파악하고 대비하라고 지시했다. 그런대로 사실을 파악하고 있었다는 얘기다.

17일 월요일 오전 10시부터 김일성 사망설에 따른 대응책 논의를 위한 비상국무회의가 열렸는데, 전두환은 이 회의를 주재하면서 신빙성이 없다고 피력했다. 너무나 당연한 얘기였다. 그런데 그렇게 당연한 얘기를 했는데도 전두환은 이 자리에서 "김일성 사망설이 확인은 안 되었지만 보도는 필요하다"고 말했다. 한마디로 사망설을 보도하라, 이 얘기였다. 아니, 신빙성이 없으면 보도하지 않거나 확인 과정을 거치거나 또는 확인된 사실이 아니라고 보도해야 하는 것 아닌가. 그런데 사망설을 보도하라고 한 건 무슨 의도가 있기 때문이 아니겠나.

—— 왜 그런 태도를 취한 것인가.

전두환이 그렇게 얘기한 것은 정치적 의도가 있었기 때문이다. 바로 10년 전인 1976년 정초에 박정희가 석유가 나온다고 언명한 바 있는 포항 석유에서 포항 석유 시추를 관리한 곳이 중앙정보부였다. 이번에는 중앙정보부의 후신인 안기부에서 금강산댐에 대한 '기획'을 총괄했다. 1976년 포항에서 석유가 나오지 않는데도 석유가 나온다고 발표를 해가지고 국민들을 몇 달 동안 석유 환상에 매달리게 해서 다른 데 관심, 그건 유신 체제에 대한 불만을 얘기하는 건데, 그걸 갖지 못하게 하지 않았나. 그 사실을 전두환은 잘 알고 있었고, 왜 금강산댐 소동을 일으키게 했나도 자신이 너무나 잘 알고 있었다. 바로 그것들과 연결된다고 볼 수 있고 금강산댐 사건의 후속이기도 했다. 그러니까 개헌 투쟁을 분쇄하고 극우 반공 체제를 강화하는 데 유성환 의원의 국시 발언 사건, 건대 사태, 북한의 금강산댐 건설을 활용한 것과 마찬가지로, 더구나 금강산댐 건설에 대해 가공할 만한 과장 발표로 국민의 시선을 그쪽으로 쏠리게 하고 있었던 시점에서 전두환 정권은 김일성 사망설을 비슷한 정치적 목적으로 이용하고자 한 것이다.

그러한 전두환한테는 든든하고 믿음직한 우군인 조선일보가 있었다. 조선일보는 같은 날인 11월 17일 호외에서 '김일성 총 맞아 피살'이라고 대문짝만하게 제목을 뽑아 특종 보도라는 걸 한 바가 있다.

보도는 필요하다고 전두환이 말한 것에 따라 정부는 신속하게도 17일 10시 45분 국방부 대변인을 통해 "북괴는 16일 전방 지역에서 대남 확성기 방송을 통해 김일성이 총격으로 사망했다는 내용을 방송했다"고 발표했다. 이걸 냉정하게 분석하면 '그냥 그렇게 방송한 모양이다. 사실인지는 알 수 없다', 이렇게 해석할 수도 있겠지만, 조선일보 보도하고 맞춰서 보면 '정말 사망했다' 또는 '사망한 모양이다', 이렇게 생각하게끔 돼 있었다. 전두환의 지시에 따라 이런 발표가 나왔는데, 이 발표도 아주 큰 문제였지만 더 큰 문제의 발표는 이기백 국방부 장관의 국회 보고를 통해 나왔다.

이기백 국방, 정반대 보도들이 나왔는데도 "김일성 사망 확실해 보인다"고 국회 보고

─ 이기백은 국회에서 뭐라고 얘기했나.

서울신문 보도를 보면, 17일 그날 오후 이기백 국방부 장관은 국회 보고를 통해 "여러 가지 통신과 전방에서 입수된 북괴의 동정, 외국 공관의 첩보 등에 따르면 아직 김은 확실히 죽었는지 여부를 판단하기 어려운 상황"이라면서도 "여러 가지 정황으로 보아 김일성의 사망이 확실해 보인다", 이렇게 말했다.

　이 경우 대부분의 사람들은 후자에 더 믿음성을 둘 것이다, 이 말이다. 왜냐하면 거기에 더 추가된 말이 있었다. "북괴 내부에 심각한 권력 투쟁이 있는 것이 확실하며, 아니면 김이 일단 죽었으나 수장首長이 사망할 경우 3일 이상 비밀을 지키다가 발표하는 공산 국가의 관례에 따라 아직 발표하지 않은 것 아닌가 여겨진다", 이렇게 얘기했다.

　이기백 장관의 이러한 보고는 자신이 얼마나 의식했는지는 몰라도 대단히 정치적인 의미가 있었다. 국방부 대변인 발표도 문제가 심각했지만, 이기백 국방부 장관의 17일 오후 발언은 훨씬 더 심각한 문제가 있었다. 정치적인 의도가 깊숙이 들어 있었기 때문이다. 내용도 훨씬 구체적이지만, 이기백이 발언할 무렵에는 그의 발언과 배치되는 사실들이 외신을 타고 들어오고 있었다. 그런데도 다각도로 정보를 수합, 분석해 신중하게 발언해야 할 국방부 장관이 그런 얘기를 한 것이다.

───　어떤 보도였나.

　이기백 장관의 국회 보고 내용은 18일 자 조간 또는 17일 석간 여러 신문에 실렸다. 그런데 동아일보 11월 17일 자에는, 이 보도는 이기백의 국회 보고 전에 국내에 들어왔을 가능성이 있는데, 중국 베이징의 북한 대사관 관리가 김일성 사망설에 대해 AP통신에 "완전 조작이며 그런 일은 없다"고 말한 것으로 보도됐다. 딱 부러지게 말한 것이다. 또 어떤 기사가 실렸느냐 하면 "중공 외교부의 아시아국 고위 당국자는 17일 김일성이 살해되었다는 정보는 현재 갖고 있지

않다고 말했다"는 교도통신 보도를 전하는 기사도 게재됐다. 교도통신이 폴란드 관영 통신 평양 주재 특파원의 보도를 인용해 "북한 당국은 김일성 피살설을 부인했다"고 전했다는 기사도 실렸다. 이 세 가지 보도가 17일 자에 나왔는데, 이것만 봐도 김일성 사망설을 믿기 어렵다는 건 분명한 것이었다.

그런데 그것만이 아니었다. 경향신문 11월 17일 자 보도를 보면, 백악관 대변인이 17일 미국 정부는 김일성 사망설에 대해 뉴스 보도 이외에는 "아무런 정보를 갖고 있지 않다"고 말한 것으로 나와 있다. 그리고 "미국 정부 소식통들은 16일 최근 나돌고 있는 북한의 김일성 사망설에 대해 정확한 정보를 가지고 있지 않다고 논평했다"고 경향신문은 보도했다. 또한 주한 미군 당국이 17일 아침, 이기백은 그날 오후 발언한 것인데, 김일성 사망설에 대해 "상황을 논평할 수 없다"고 말했다고 보도했다.

중요한 보도가 이렇게 여러 가지 나왔는데 어떻게 이기백처럼, 그것도 국회처럼 중요한 곳에서 얘기할 수 있다는 것인가, 이 말이다. 또 한미 연합사 정보 참모 부서는 17일 아침 회의에서 김일성 사망을 확증할 수 없다고 결론을 내렸다. "판문점에서 반기 게양을 관측한 사실이 없다. 어떤 미국인도 김일성이 사망했다는 확성기 방송을 들은 바 없다"고 미군 측은 밝혔다. 미군 측은 "휴전선 확성기 방송 내용도 잘못 들은 것 같다"는 얘기도 했다.

이처럼 이기백 발표는, 이미 그것과 다른 주장들이 많이 언급되고 있었는데도 그런 식으로 발표했다는 것, 그 점이 문제라고 나는 본다. 국방부 대변인 발표도 잘못된 것이었고 호외를 비롯한 조선일보 보도도 문제가 아주 심각했다.

오보 가능성 높아지는데도
김일성 사망설 밀어붙인 조선일보

— "세계적인 특종"이라고 자화자찬한 조선일보는 그러한 상황에서 어떤 모습을 보였나.

이미 전날에 베이징 북한 대사관 관리가, 또 중국 외교부에서, 폴란드 관영 통신 기자가 김일성 사망설을 명백히 부인했다고 보도했는데도, 또 미군이나 미국 정보 소식통이 다른 주장을 하고 있었고, '반기 게양'이나 '확성기 방송'을 들은 바 없다고 밝혔는데도 조간 신문들은 18일 자에 김일성 사망 관련 기사를 크게 실었다. 그러나 역시 조선일보 조간 기사가 더 눈에 확 들어왔다.

1986년 11월 18일 자 조선일보 1면. 조선일보는 김일성 사망 관련 기사로 신문을 가득 채웠다.

　11월 18일 조간에 조선일보는 17일 호외에 쓴 것과 비슷한 보도를 또 했다. 18일 자 조선일보는 1면, 2면, 3면, 4면, 5면, 10면, 11면, 이렇게 여러 면에 걸쳐 이 문제에 대한 기사를 실었다. 5면의 경우 김일성 사망설로 채웠고, 다른 면에서도 김일성 사망설 관련 기사가 큰 비중을 차지했다. 그런데 1면 톱 제목이 "김일성 피격 사망", 아주 크게 뽑은 그것이었는데 이번엔 따옴표를 붙였다. 그러면서 김일성 사망설의 근거로 네 가지를 소제목으로 뽑았다.

　앞에서 내가 말한 것처럼 김일성 사망설과 배치되는 여러 이야기가 17일에 공산권 등에서 나왔고, 사실 휴전선에서 뭔가 있었다는 부분도 미군 측 발표를 보면 불확실한 점이 있었다. 그런데도 조선일보는 18일 자에도 같은 기조로 보도했다. 18일 자 1면 보도를 보면 사이드 제목이 '14일 서부 전선 시찰길 저격, 오진우가 실권 장악 가능성', 이렇게 돼 있고 부제가 '김정일도 연금 상태 추정'이라고, 출처가 일본 외교 소식통이라고 하면서, 돼 있다.

놀라운 것은 1면 '팔면봉', 몇 자로 촌평하는 이 코너에도 '김일성 피격 사망, 제명에 못 죽는 걸 보니 역시 무심치 않군', 이렇게 돼 있다는 점이다. '팔면봉'에 실린 촌평이 4개였는데, 전부 김일성 사망과 관련된 풍자 글이었다.

그런데 사실 이 신문 1면에 1단으로 나와 있는 조그마한 기사에는 뭐라고 돼 있느냐 하면, 몽골 주석 잠빈 바트문흐가 예정대로 방북을 위해 출발했다고 소련 타스통신이 보도했다고 쓰여 있다. 이건 죽은 김일성이 아니라 살아 있는 김일성을 만나러 가는 것이었다. 그와 함께 "확인된 정보 없다", "분명해질 때까지 추측 안 해"라는 미국 국무성 브리핑도 들어 있다.

이렇게 김일성 사망설을 명백하게 부인하는 외신이 있는데 전체 신문을 도배하다시피 김일성 사망 관련 기사로 가득 채우는 이런 일이 어떻게 벌어질 수 있을까. 이런 난센스, 이런 악질, 저질 풍자극이 어디에 있을 수 있을까.

극우 반공 체제에 유리하면
허위 기사·발표도 괜찮다는 이상한 사회

── 조선일보는 왜 그렇게 단정적으로, 시쳇말로 세게 보도한 것일까. 신문사가 기본적으로 특종이라는 것에 목을 맬 수밖에 없는 조직임을 감안하더라도, 근거가 충분치 않은 상태에서 그렇게

단정하는 기사를 내보낸다는 건 상식선에서는 이해하기 어려운 일이다. 당시 냉전이 계속되던 시기였고 북한을 비롯한 사회주의 국가들의 내부 상황을 파악하기가 매우 어려웠다는 점을 고려하면 더욱 그렇다.

그런데도 왜 그렇게 보도했느냐. '이건 의도가 있다. 뭔가 분위기를 띄우는 것이다', 그렇게 볼 수밖에 없다. 사실 세계적으로 냉전 체제에서 양 진영이 대결할 때, 조선일보가 그런 경향이 특별히 심했지만 다른 신문도 북한이나 공산권에 관해 사실이 아닌 내용을 1면 톱기사로 내보낸 경우가 적잖게 있었다. 그 점은 정부 발표도 비슷했다. 사실이 아닌데도 사실인 것처럼 발표하는 경우가 있었다.

그러나 누구도 그것에 대해 나중에 '사실이 아닌 것을 왜 그렇게 크게 발표했느냐', 이렇게 물을 수 있는 사회가 아니었다. 그런 허위 톱기사 또는 발표는 그것대로 극우 반공 이데올로기를 주입한다고 할까, 그래서 극우 반공 체제를 굳히는 데 일정한 역할을 분명히 했다. 그게 허위인데도 그랬다. 그렇지만 그것을 잘못이라고 지적하고 문제 삼을 수 있는 분위기가 사회적으로 돼 있지를 않았다. 그러니까 신문에서나 TV에서나 그런 문제가 있는 것들을 기자로서 양식도 없이 또는 죄의식도 없이 그렇게 크게 발표하고 '나중에 틀리면 어때?' 하면서 '홍콩에 있는 모 소식통', 이런 식으로 보도하는 경우가 그 시기에 심심치 않게 있었던 게 사실이다.

1950년대에서 1970년대까지, 또 1980년대에 걸쳐서도 그런 일이 자주 있었다. 1990년대나 2000년대에 와서도, 물론 그전보다는 줄어들었지만, 그런 경향이 있었다. 그러나 김일성 사망설 때의 발표 또는 보도처럼 그렇게까지 나가지는 않았다. 도무지 있을 수 없는 짓

아닌가. 조금만 냉정하게 사태를 보려 했다면 그렇게 보도할 수는 없는 것이었다. 그리고 전두환은 신빙성이 없다고 스스로 얘기해놓고도 사망설 보도는 필요하다고 하지 않았나. 더군다나 1986년 11월 17일 오후에 있었던 이기백 발표, 그건 이성적 정신을 가지고 사물을 보려고 하는 사람이라면 도무지 그런 발표를 할 수가 없었다. 그런데도 그 발표가 나왔다. 또 조선일보가 세계적 특종을 했다고 하면서 특히 심하게 그런 보도를 했다.

오보로 판명된 김일성 사망설과
금강산댐 사건은 결코 무관치 않다

—— 김일성 사망 보도는 얼마 못 가서 오보로 판명되지 않았나.

1986년 11월 18일 자 경향신문에 이렇게 나왔다. 동아일보도 같은 내용을 보도했는데, 이날 경향신문은 1면 톱으로 "김일성 살아 있다"고 주먹만 한 제목으로 뽑아서 보도했다. 그러면서 평양 공항에서 김일성이 직접 몽골 국가 원수를 영접하는 사진을 일본 NHK가 내보냈다고 보도했다. 만 3일도 채 안 지나서 극렬한 반공, 반북 히스테리성 보도는 끝났다. 그러나 그 3일은 짧은 3일이 결코 아니었다.

조선일보는 11월 19일에 가서 "김일성은 살아 있었다", 이렇게 제목을 뽑았다. 그러면서도 북한 내부에서 심각한 권력 투쟁이 전개되고 있는 것으로 판단된다는 기사를 썼다. 조선일보다운 기사였다. 국방부나 조선일보는 한미 연합사 정보 참모 부서에서 "판문점에서 반기 게양을 관측한 사실은 없다. 어떤 미국인도 김일성이 사망했다는 확성기 방송을 들은 바 없다"고 밝힌 것이나 미군 측이 "휴전선 확성기 방송 내용도 잘못 들은 것 같다"고 밝힌 것, 미국 국무성이 브리핑에서 "확인된 정보 없다"고 밝힌 것에 대해 가타부타 언급하지 않았다.

아무리 낯가죽이 두껍다고 하더라도 공공성이 있는 기관이라면 뭔가 언급해야 하는 것 아닌가. 어디부터 잘못된 것인가를 한 번쯤 짚어볼 필요는 있는 것이 아닌가. 그런 염치는 있어야 하는 것이 아닌가.

— 김일성 사망 오보 소동에 어떤 의미가 담겨 있었냐고 보나.

김일성 사망설과 관련해 특히 어떤 신문은 금강산댐 보도에 이어 40년 동안 휘둘러온 반공 냉전 이데올로기를 한꺼번에 극대화해 최대의 효과를 보려는 듯 선정적으로 보도해 일반 대중을 큰 혼란에 몰아넣었다. 진실이 밝혀진 이후에도 상당 기간 동안 김일성 사망설은 위력을 발휘했다. 당시 일반 대중은 진실이 뭔지를 냉정하게 생각해보려고 하지 않았다. 이 지경에까지 이르게 된 데에는 10월 30일부터 금강산댐에 대한 가공할 만한 정부 발표, 언론 보도가 적지 않은 역할을 했다. 금강산댐에서 물이 방류되면 남산 기슭까지 물바다가 되고 원폭 투하 이상의 피해가 있다는데, 김일성이 내부 알력으로 사망했다니 흥분하지 않을 수 없었을 것이다.

당시 내가 잘 이해가 가지 않았던 건 지식인, 언론인조차 몹시 흥분해 있었다는 점이다. 합리적으로, 이성적으로, 냉정하게 분석하고 평가하는 모습을 그 당시에 찾기가 어려웠다. '왜 이런 일이 일어났는가', '왜 이렇게까지, 정말 이해가 안 갈 정도로 비합리적인가' 하는 생각이 그때 참 많이 들었다. 지식인, 언론인조차 그랬다.

좀처럼 흥분이 가라앉지 않았다. 광기 어린 사이비 종교에 홀린 것 같기도 했고 집단 최면에 걸린 것 같기도 했다. 전두환은 회고록에서 금강산댐 사건은 전두환답게 10여 쪽에 걸쳐 변명을 늘어놓았지만, 김일성 사망설은 언급하지 않았다. 그럴 수밖에 없었을 것이다. 나는 앞에서 시사한 바와 같이 이 사건이 금강산댐 규탄 사건과 결코 무관한 사건이 아니라고 본다. 당시에도 그랬고 지금도 그렇게 생각한다. 금강산댐 규탄 사건의 연속선상에서 일어난 김일성 사망설은 얼핏 보면 극단적인 반공 이데올로기로 기득권을 누렸던 자들이 보인 광태 같기도 하다. 그렇지만 더 생각해보면 권력이건 일부 언론이건 선정적으로 반공 심리를 자극하고 흥분시켜 국민들의 관심을 다른 데로 쏠리게 하면서 극우 반공 체제를 강화하는 정치 쇼를, 그것은 결국 전두환 정권 같은 정권을 재창출하자는 주장으로 연결되는데, 의식적, 무의식적으로 연출한 것이 아닌가 하는 생각이 든다.

금강산댐 규탄 사건과 김일성 사망설은 파시스트와 파시스트 추종 언론이 대중을 정치 조작의 대상으로 여길 뿐이라는 걸 다시 한번 확인시켜줬다. 또한 '북한 관계 및 공산권 관계에 대한 발표나 보도는 아무리 허위이고 과장된 것이라고 하더라도 우리 반공 의식을 강화하기 위해서라면 괜찮다'는 통념을 다시 한 번 확인시켜준 사건이기도 했다. 조선일보 같은 곳에서 그렇게 허위 보도를 당당하게, 버젓이 할 수 있었던 데에는 '북한이나 공산권에 관한 건 틀려도 좋다. 국민을 오도해도 좋다. 반공 의식을 굳히는 데 역할을 하는 것이니까 결코 잘못된 일이 아니다'라는 사고가 강력하게 작동했다. 그런데 이게 정치적인 의도가 아주 심각하게 들어 있는 것임을 알 수 있게 하는 게 또 있다.

금강산댐 공포 조장해
평화의 댐 성금 거둬들인 전두환 정권

─ 그게 무엇인가.

김일성 사망설 파동은 정상적인 사람이라면 크게 부끄러워할
일 아닌가. 그런데 전두환 정권은 부끄러워하기는커녕 바로 금강산
댐에 대한 대응 운운하면서 새로운 댐을 만들기 위해 성금을 걷자는
운동을 대대적으로 벌였다. 1986년 12월부터 그해 연말을 거쳐 이듬
해 초봄까지 북한의 수공 작전과 성금, 평화의 댐 착공식 보도가 지
칠 줄 모르고 계속됐다.

그런데 지난번에 얘기한 1993년 감사원 발표를 보면, 1986년 안

김일성 사망설이 오보로 판명된 직후인 1986년 11월 19일 신민당 의원들은 국회에 출석
한 노신영 국무총리에게 정부의 사과를 요구했다. 그러나 노신영 국무총리는 "북괴가 김
일성의 사망설을 유포한 것은 기만 술책", "궁지에 몰린 북괴가 우리의 신뢰를 떨어뜨리
고 정부와 국민을 이간시키려는 술책"이라고 주장하며 사과 요구를 거부했다.
"세계적인 특종"이라고 강변한 조선일보 역시 전두환 정권과 마찬가지로 사과하지 않고
북한을 탓했다. 이것에 대해 한겨레는 2001년 '언론 권력' 기획 연재에서 이렇게 지적했
다. 〈조선일보는 지금까지 숱한 북한 오보에서 그랬던 것처럼 '믿거나 말거나', '아니면
말고' 식으로 버티며 독자들에게 사과를 하지 않았다. 오히려 "그들 수령의 죽음까지 고
의로 유포하면서 그 무엇을 노리는 북괴의 작태에 서방 언론들은 정말 놀라고 있다. 정
상적 사고로는 도저히 이해할 수 없는 집단이라는 것을 다시 한 번 세계적으로 알린 셈
이 되었다"고 쓰면서 책임을 엉뚱하게 북한에 떠넘겼다.〉
언론학자인 김정기 한국외국어대 교수는 한겨레 기고(1998년 9월 24일 자)에서 1986년
조선일보의 김일성 사망 오보와 1984년 워싱턴포스트 기자 더스코 도더의 유리 안드로
포프 소련공산당 서기장 사망 특종을 비교하며 이렇게 썼다. "두 공산 국가 지도자의 사
망에 관해 왜 한쪽은 세계적인 특종을 할 수 있었고 다른 한쪽은 세계적인 허보를 내고
말았는가? 한쪽은 전문 직업주의 기준 아래 논리적 추론을 수행한 반면 다른 한쪽은
반공 신화의 순환론 안에서 추측을 뉴스로 만든 결과이다. …… 김일성 사망이라는 세기
적 오보는 기자가 논리적 추론을 하는 대신 북한에 관한 나쁜 소식이면 그것을 모두 반
공 신화라는 가마솥에 넣어 뉴스로 만들어내는 반공 신화의 순환론에서 생겨날 수밖에
없었다. 우리 신문들은 언제까지 반공 신화의 순환론에서 맴돌 것인가?"

1986년 12월 23일 평화의 댐 건설 국민 성금 모금 방송. 사진 출처: e영상역사관

기부에서 정보 분석을 한 결과 북한이 금강산댐 공사에 전력투구하더라도 최초의 위협 시기는, 이건 9억 톤이 저수되는 시기를 말하는데, 1989년 10월이라고 판단했다. 전두환 정권이 요란하게 선전한 것처럼 금강산댐이 처음부터 공격용으로 건설했다 치더라도, 1989년 10월이면 88올림픽과 아무런 상관이 없었다. 그런데도 안기부장이 의견 조정을 하고 대통령에게 보고하는 단계에서 대응 댐을 조기 착공토록 변경해 올렸다. 감사원은 또 금강산댐 건설 목적에 대한 정보 분석이나 사력댐의 인위적 폭파 가능성 검토 결과에 따르면 대응 댐을 착공할 필요가 없었다고 지적했다.

그런데도 전두환 정권은 대대적으로 성금을 모았다. 흥선대원군이 경복궁을 다시 지을 때 원납전이라는 이름으로 성금을 모은 이래 성금이라는 건 최근까지 대부분 권력을 위한 성금에 지나지 않았다. 일제 말에도 이른바 '성전聖戰'을 위한 성금 등 각종 성금을 내라고 얼마나 독촉했나. 1987년 6월항쟁 이후 그래도 그런 식의 성금이라는 게 많이 없어졌는데, 예전에는 국민학생 호주머니까지 터는 식으로 성금을 걷었다. 그때 1년간 400억 원을 목표로 성금 모으기가 추진됐는데, 목표를 초과해 660억 원 넘게 걷혔다.

이 성금 모으기 또한 안기부 2차장 이학봉이 주재한 대책 회의에서 결정된 것이었다. 안기부는 성금을 최대한 많이 모으기 위해 언론 기관을 활용한 홍보 대책도 세웠다. 안기부가 금강산댐에 대한 허위 과장 보고나 규탄 대회 같은 걸 통해 국민들한테 공포감을 갖게 하고, 그러면서 국민들이 성금 모으기에 열화와 같은 성원을 보내도록 홍보 조작을 해낸 것이다.

—— 전두환은 자신의 회고록에서 금강산댐 문제에 대해 뭐라고 변명했나.

골자만 전하면 이렇다. "국민의 생존이나 국가의 안전과 직결된 문제를 검토함에 있어서는 항상 최악의 상황을 설정해서 대비를 하는 것이 책임자가 할 일이다. 북한의 수공 가능성이 설혹 1퍼센트뿐이라고 하더라도 100퍼센트의 가능성을 놓고 대책을 세워야 한다. 수공 가능성이 있느냐 없느냐의 문제이지 '1퍼센트냐 99퍼센트의 문제냐'가 아닌 것이다." 1퍼센트의 가능성도 없는 것을 가지고 왜 전두환 정권이 총력을 기울여 전국 각지에서 궐기 대회를 열고 성금을 거뒀는지 그 배경에 대해서는 일언반구도 없다.

—— 당시 초등학생이던 제 지인 중에는 자기 돼지 저금통을 깬 것은 물론 친구들 돼지 저금통까지 깨게 해서 성금을 낸 경우도 있다.

북한이 금강산댐을 터트리면 나라가 망할 것이라는 걱정에 그렇게 했다고 하는데, 나중에 금강산댐 사건이 사기극이란 걸 알고 나서 세상을 보는 눈이 달라졌다고 한다. 그 일 이후 당시 정권 및 여당이었던 쪽에서 주장하는 것을 그대로 받아들일 수 없게 됐다고 한다. 다시 돌아오면, 전두환 정권이 민주주의 요구를 분쇄하기 위해 김일성 사망설 등을 이용하는 것을 비판하는 목소리는 없었나.

김현규 신민당 총무는 정부가 "김일성 사망설이라는 미확인 정보를 국회에 정식 보고하는가 하면 언론에 발표함으로써 국가 위신을 추락시키고 국민을 당혹케 했다"고 지적하고 내각 총사퇴를 요구했다. 또 김일성 사망설로 히스테릭한 흥분이 대단하던 11월 17일 김수환 추기경, 윤공희 대주교, 지학순 주교 그리고 정의구현사제단이 공동 집전해서 정의·평화를 위한 미사를 올렸다. 이 미사가 끝나고 나서 그날 저녁 청년 신도, 상계동 철거민, 구속자 가족 등 400여 명이 성당 입구에서 "장기 집권 획책하는 군부 독재 물리치자"고 외치면서 시위를 벌였다. 18일 KNCC 가입 교단 목사 60여 명은 '영구 집권 획책하는 독재 물러가라'는 플래카드를 들고 민정당사 정문 앞에서 "독재 타도하자", "민정당은 물러가라"고 외치며 시위를 전개했다.

이처럼 이 시기에 전두환이 장기 집권을 획책하기 위해 무슨 짓을 하고 있는가를 규탄하는, 이런 시위가 꼭 금강산댐 소동이나 김일성 사망설과 관련된 것이라고 보기는 어렵지만, 그런 우려할 만한 여러 행위를 하고 있는 것에 강하게 항의하는 모습도 볼 수 있었다.

비상 조치 카드로 야당 협박,
난데없는 이민우 '구상'으로 야당 분열

6월항쟁의 배경, 열세 번째 마당

비상 조치 카드 만지작거린 전두환

김 덕 련 전두환 정권은 1986년 5·3 인천 집회 이후 민주화 운동 세력과 야당에 대대적인 공세를 펼쳤다. 그러면서 유성환 의원의 국시 발언 사건, 건대 사태, 금강산댐 사기극, 김일성 사망 오보 소동이 연이어 일어났다. 그런 속에서 전두환 쪽에서 비상 조치를 검토한 것으로 알려져 있는데, 구체적으로 그 내용은 무엇이었나.

서 중 석 전두환은 아시안게임이 열리고 있던 1986년 9월 하순경부터 비상 조치 카드를 계속 만지작거렸다. 9월 29일 신민당이 국회 개헌 특위 활동을 중단하기로 결정했다고 전에 얘기하지 않았나. 그로부터 3일 전인 9월 26일 아침 장세동 안기부장 등이 '비상 시국 대비 조치 방안' 보고를 준비하기 위해 회동했다. 그날 오후에는 전두환이 장세동, 박희도 육군 참모총장, 박철언 등을 불러 비상 조치로 계엄을 선포해 군을 출동시키는 것에 관한 지시를 내렸다. 한마디로 판을 싹쓸이하겠다는 것이었다.*

개헌 특위 중단 발표에 이어 이민우 신민당 총재는 10월 10일 국회에서 "대통령 직선제와 내각 책임제를 국민에게 직접 선택케 하

---

* 박철언에 따르면 이 자리에서 전두환은 "모든 것이 야당과 무능한 정치인의 책임"이라고 비난하고 "계엄령은 6개월 정도는 해야 한다"고 얘기했다. 아울러 북한의 군사 상황, 88올림픽, 혼란 극복 등에서 계엄 명분을 찾으라고 지시하고 국회 해산, '불순한' 국회의원 검거 및 군법회의 회부, '문제 학생'을 구속해 3개월 정도 교육시킬 것 등 구체적인 실행 방안도 제시했다. 전두환은 "유신 헌법은 집권 연장을 위한 것이므로 내외의 비판을 받았다"고 지적한 후 자신이 선포하려는 계엄은 "장기 집권을 위한 것이 아니라 국가 안정, 평화적 정권 교체를 위한 것"이라고 주장했다. 즉 자신은 박정희와는 다르다는 얘기를 여기서도 빼놓지 않았다.

자"고 제안했다. 선택적 국민 투표를 하자는 것이었다. 바로 이날 박철언은 전두환의 극비 지시에 따라 비상 조치를 위한 구체적인 스케줄 작성에 들어갔다. 이 비상 조치 스케줄 작성 작업을 하고 있는 상태에서 10월 14일 유성환 의원 발언이 나왔다. 그러자 전두환이 '잘 걸렸다'고 하면서 10월 17일 유성환 의원을, 면책특권이 있는 국회 내에서 한 발언인데도, 잡아 가둔 것이다. 그러면서 뒤이어 금강산댐 사건을 발표하게 된다.

유성환 의원을 전격 구속한 다음 날인 10월 18일 안기부, 행정부, 청와대, 민정당의 고위 간부들이 회동했다. 이 자리에서 장세동은 '비상 선진 계획', 비상 조치 계획에 이런 이름을 붙였는데, 그걸 설명했다. 10월 22일 전두환은 장세동을 통해 박철언 등에게, 언론에는 일절 보도되지 않았지만, 11월 4일로 예정된 미국 의회 중간 선거에서 공화당이 승리하면 11월 7일쯤 비상 조치, 이건 비상 계엄을 의미했는데, 그러한 비상 조치를 선포해 국회를 해산하고 정당 활동을 정지시키겠다고 밝혔다. 그러고는 각 당에서 200명 정도가 참여하는 '민주정치발전국민회의'를 구성하기 위한 명단을 만들어가지고 와서 보고하라고 구체적으로 지침을 내렸다. "비상 조치를 내린 직후 김대중에게는 '군에서 죽이기로 했으니 정계 은퇴하지 않으면 수감하겠다'고 경고하도록 보안사령관에게 지시했다"는 것이다.

이날 전두환은 노신영 국무총리, 김만제 부총리, 최광수 외무부 장관, 김종호 내무부 장관, 서동권 검찰총장 등 안보 관계자 22명과 저녁을 먹으면서 "국회에서 일어나는 여러 가지를 지켜보고 도저히 더 이상 안 되겠다고 할 때는 헌법에 규정된 대통령의 모든 권한을 다 동원해서라도 올바로 만들어주고 퇴임해야겠다"고 언명했다. 이규효 건설부 장관이 금강산댐 공사에 대해 터무니없는 발표를 한

10월 30일, 전두환은 비상사태 시 김대중과 김영삼을 보안사에서 연행해 안기부에서 수사하라고 장세동을 통해 지시했다. 지금 얘기한 것들, 그러니까 비상 조치 관련 사항은 다 비밀리에 이뤄졌다. 당시 공개될 수 없는 것들이었다.

"직선제 개헌 수락하면 불출마" 선언한 김대중

── 전두환 쪽에서 드러내놓고 진행하지 않았다고 하더라도 김대중이 이 무렵 보인 모습을 떠올려보면 김대중 쪽에서도 비상 조치 관련 사항을 파악하고 있었던 것 아닌가 싶다. 어떠했나.

금강산댐 규탄 대회가 한창 열리고 있었던 11월 2일에도 전두환은 11월 8일 자정을 기해 국회를 해산하고 계엄을 선포하면서 비상 조치를 발표할 예정이며, 김대중을 정계에서 은퇴시켜 재수감과 외국행 중 하나를 택하게 하겠다는 지침을 장세동을 통해 내렸다. 이런 지침은 당연하게도 극비 형식을 취했다. 그런데 또 이건 외부로, '비밀리에' 흘러나가도록 돼 있었다. 그렇게 해서 전두환은 야당에 1980년 5·17쿠데타 때의 공포 분위기를 상기시켜 정국을 자기 의도대로, 그러니까 직선제 개헌과 반대되는 방향으로 끌어가려 했다. 아주 살벌한 분위기가 조성되고 있었다.

김대중의 불출마 선언에 대해서는 양순직의 회고록에 잘 나와 있다. 공화당의 중진 의원이었으나 박정희의 3선 개헌에 반대한 이후 민주화와 야당의 길을 걸어온, 10·26 이후 YWCA 사건으로 1년여 옥고를 치렀던 신민당 부총재 양순직은 군사 정권에서 야당에 내준 정

1986년 11월 5일 자 동아일보. 김대중은 이날 "대통령 직선제 개헌을 현 정권이 수락한다면 비록 사면 복권이 되더라도 대통령 선거에 출마하지 않겠다"는 유명한 불출마 선언을 했다.

국 주도권을 만회하기 위해 육사 17기 중심으로 친위 쿠데타가 일어 난다는 '정보'를 듣고, 10월 하순으로 추측되는데, 김대중을 찾아가 불출마 선언을 권고했다. 김대중은 머리를 저었다. 그 뒤 11월 4일 밤 다시 말을 꺼냈다. 양순직은 회고록에 이렇게 썼다. "그(김대중)도 사 태의 심각성을 다른 채널을 통해 알게 된 것 같았다." 밤 11시경 김대 중이 "양 부총재 말대로 하겠습니다. 이민우 총재에게도 연락하는 것 이 좋겠습니다"라고 말했다.

11월 5일 김대중은 전두환 정권이 "모든 민주 세력에 대하여 1980년과 똑같은 처절한 집중 공격을 가하고 있다. 그들이 동원하고 있는 수법도 그때와 마찬가지로 용공 세력의 일소라는 구실을 내세 우고 있다"면서 "대통령 직선제 개헌을 현 정권이 수락한다면 비록 사면 복권이 되더라도 대통령 선거에 출마하지 않겠다"는 유명한 불 출마 선언을 했다. '전두환이 1980년에 저지른 것과 똑같은 짓을 할 지도 모른다', 김대중이 이런 위기의식을 가졌을 가능성이 있다. 그런

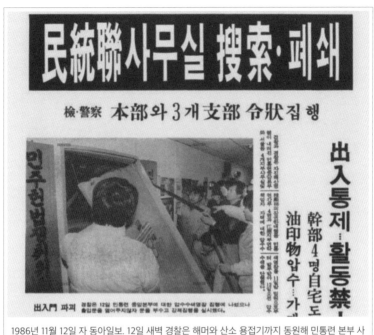

1986년 11월 12일 자 동아일보. 12일 새벽 경찰은 해머와 산소 용접기까지 동원해 민통련 본부 사무실 문을 부수고 난입했다. 경찰은 농성 중인 50여 명을 몰아낸 다음 사무실을 강제 폐쇄했다.

데 이 무렵 전두환이 계속 몰아붙일 수만은 없는 상황이 발생했다.

—— 그게 무엇인가.

11월 4일 미국 중간 선거가 치러졌는데 여기서 레이건의 공화당이 패하고 민주당이 상·하원을 모두 석권했다.* 전두환의 독재는 레이건의 방조 아래 이뤄지고 있지 않았나. 일본의 나카소네와 함께 미

---

* 이 선거 전 상원에서는 공화당, 하원에서는 민주당이 다수당이었다. 민주당은 이 선거에서 압승하며 하원에서 우위를 유지하고 상원에서는 다수당 위치를 회복했다. 그렇게 해서 1980년 이후 6년 만에 상원과 하원을 모두 지배하게 됐다.

1986년 11월 29일 자 동아일보. 경찰은 이날 신민당의 '대통령 직선제 개헌 쟁취 및 영구 집권 음모 분쇄 범국민대회'를 원천 봉쇄했고, 국회의원 등 600여 명을 연행했다.

국의 레이건은 전두환 권력을 받쳐주는 지주支柱였다. 전두환 정권은 달라지지 않을 수 없었다. 박철언은 자신의 회고록에 미국 의회 선거 결과가 그렇게 나오면서 권력 핵심의 분위기가 상당히 바뀌었고, 겉으로는 여전히 비상 조치 발동도 언급했지만 그해 연말까지 별다른 조치가 없었다고 썼다. 그렇다고 해서 전두환 정권의 체질이 바뀐 건 물론 아니다. 폭압은 계속됐다.

── 구체적으로 어떻게 전개됐나.

전두환 정권은 11월 7일 청계피복노조 등 14개 노조에 해산 명령을 내렸다. 그것에 이어 8일에는 재야 단체의 구심점 역할을 해온 민통련(민주통일민중운동연합) 본부 및 서울지부 등 4개 지부에 대해서도 해산 명령을 내렸다. 12일 새벽 경찰은 해머와 산소 용접기까지 동원해 민통련 본부 사무실 문을 부수고 난입했다. 경찰은 농성 중인 50여 명을 몰아낸 다음 사무실을 강제 폐쇄했다. 이 과정에서 성유보 사무처장 등이 구속됐고 김승균, 이재오, 이해찬 등이 수배됐다.

한국기독교교회협의회는 11월 18일 서울 연동교회에서 목회자 1,500여 명 등 1,800여 명이 참석한 가운데 '나라와 민족을 위한 성회'를 열었다. 성회 도중 목회자 150여 명이 민정당 당사 앞에서 군사독재 퇴진을 외치며 시위를 벌이자, 경찰은 쇠파이프와 몽둥이로 목회자들을 난타하고 구둣발로 짓밟고는 52명을 연행했다. 이 과정에서 목회자 3명이 실신했다.

그러한 분위기에서 신민당은 '대통령 직선제 개헌 쟁취 및 영구집권 음모 분쇄 범국민대회'를 11월 29일 옛 서울고 자리에서 열고자 했다. 그러자 11월 25일 강민창 치안본부장은 이 대회를 불법 대회로 규정했다. 또한 이 대회 직전에 전군 지휘관 회의가 열렸는데, 이것은 이 대회에 으름장을 놓는 것으로 비쳤다.

29일 대회 시작 전, 지방에서 차출한 7,000여 명을 포함해 3만 2,000여 명의 경찰 병력이 옛 서울고 부근과 서울 곳곳에 쫙 깔렸다. 김영삼 신민당 고문이 전날 밤부터 연금되는 등 많은 사람이 연금됐다. 당일 마포 신민당사 앞 차도가 봉쇄됐다. 야당 의원 집결지인 종묘 등에서 경찰과 충돌이 벌어졌고, 대회장 주변에서는 경찰이 식당과 다방의 손님까지 연행해 시민들의 항의가 빗발쳤다. 그런 속에서도 이날 1만 5,000여 명이 시내 곳곳에서 산발적으로 시위를 벌였다. 연행된 사람이 2,255명, 구속된 사람이 27명에 이르렀다. 미국 언론

은 최대의 경찰 동원으로 정부의 강경한 의지를 과시한, '야당 데모'
가 아닌 '정부 데모'였다고 보도했다.

새해 예산안과 21개 법안이 국회 민정당 사무실에서 새벽 3시
경, 2분 만에 단독 처리된 12월 2일 신민당 의원 90명 중 87명이 의
원직 사퇴서를 제출했다. 그러나 전두환은 그런 것에 눈 하나 깜짝하
지 않았다. 전두환은 야당 분열 책동에 돌입했다.

난데없이 출현한 복병 '이민우 구상', 심한 내분에 휩싸인 신민당

── 이민우 구상이라는 게 등장하는 것도 이때 아닌가.

12월 24일 이민우 신민당 총재는 송년 기자 회견에서 이민우 구
상이라는 걸 발표했다. 지방 자치제 실시, 언론 자유 보장, 공무원의
정치적 중립, 구속자 석방과 사면 복권 등 7개 항의 민주화 조치가
이뤄지면 내각제 개헌안을 긍정적으로 검토할 수 있다는 것이었다.

신민당은 그렇지 않아도 전두환 정권의 대대적인 탄압, 몰아치
는 검은 폭풍에 정신을 차릴 수 없는 상황이었는데, 난데없이 이민우
구상이라는 복병까지 출현하면서 혼선을 거듭하고 심한 내분에 휩싸
였다. 김대중, 김영삼 측은 이민우 구상을 완강히 반대했다. 그렇지만
이민우 구상은 전두환 정권만이 아니라 미국의 지지를 받고 있었다.
이 점이 중요하다. 그뿐 아니라 신민당 내에서도 이철승 등의 비주류
는 이민우의 주장을 지지하고 있었다. 그렇기 때문에 문제가 간단하
지 않았다.

12월 24일 이민우 신민당 총재는 송년 기자 회견에서 이민우 구상이라는 것을 발표했다. 7개 항의 민주화 조치가 이뤄지면 내각제 개헌안을 긍정적으로 검토할 수 있다는 것이었다. 이민우가 사전에 전두환 쪽과 교감하며 구상을 발표한 것이라는 소문도 있었다. 사진은 1985년 8월 15일 전두환과 이민우가 만나는 모습. 사진 출처: e영상역사관

—— 이민우가 사전에 전두환 쪽과 교감하며 그러한 구상을 발표했던 것인가?

그건 정확하게 알 수 없다. 지금으로선 알아낼 방법이 없다. 다만 나중에 민정당에서 거론했지만, 여권에서는 내각제 개헌이 가능하다면, 또 내각제 개헌으로 갈 수 있는 여건을 조성하기 위해서는 지방 자치제 실시 등 부분적인 민주화 조치가 있어야 한다고 봤다. 사실상 '이민우 구상'은 여권의 '구상'과 그다지 차이가 있지 않았다. 이민우는 유진산의 수석 상좌 노릇을 했다는 얘기를 들을 정도로 유진산과 가까운 사람이었다. 본래 그 성향이 아주 보수적이라는 얘기를 듣던 사람이라는 점도 생각해볼 수 있다.

1986년 봄 뜨거운 개헌 열기를 맞아 곤경에 처했던 전두환은 장세동의 조력을 받으며 5·3 인천 사태를 계기로 개헌 열기를 무산시키고 개헌 투쟁을 무력화하기 위해 구속과 수배, 유성환 국시 발언 사건, 건국대 사태 등 숱한 학원 '좌경 용공 사건', 금강산댐 사건, 김일성 사망설, 끊이지 않고 계속 나온 비상 조치설과 김대중 구속설, 국회 해산설 유포, 신민당이 서울에서 계획한 '대통령 직선제 개헌 쟁취' 집회 분쇄 등의 초강경 초토화 작전을 펼쳤다. 그야말로 공포 정치와 정치 조작을 통한 전면 공세였다. 그로 인한 살벌한 분위기에서 이민우 구상까지 나타나 야당은 수습하기 어려운 분열을 맞이하게 됐다.

전두환이 개헌 열기를 무산시키고 개헌 투쟁을 무력화하기 위해 얼마나 많은 사람을 잡아들이고 구속했는지는 다음 통계를 통해서도 짐작할 수 있다. 1986년 12월 12일 한 신문은 1986년 시국 관련 구속자가 2,400여 명으로 1981년 1월부터 1985년 10월에 걸쳐 구속된 1,186명의 두 배가 넘는 수라고 보도했다. 1987년 2월 다른 한 신문은 1986년에 시국사범으로 검거된 사람은 7,250명이었고 이 중 4,610명이 구속됐다고 보도했다. 구속자 수가 그 전해의 2.5배였다. 학원 소요 관련 입건자로 4,545명을 검거해 2,531명이 구속됐다고 발표했다. 얼마나 많은 학생이 끌려가 구속됐는지를 잘 말해주는 숫자다. 이해에는 좌경 용공 관련자도 2,335명 검거돼 1,838명이 구속됐다(이 중 국가보안법 위반 375명). 노동 현장 '위장' 취업자도 282명을 검거해 162명을 구속한 것으로 나타났다. 그렇지만 전두환의 초강경 초토화 공세는, 그것의 산물이기도 한 박종철 고문 사망 앞에서 맥없이 무너졌다.

── 그렇게 된 이유는 무엇인가.

왜 그런 일이 생겼느냐. 전두환의 초강경 초토화 공세는 오로지 폭압과 폭력에 의거했을 뿐 민의에 기반을 둔 것이 아니었다. 2·12총선이 보여준 민의, 1986년 봄에 드러난 개헌 열기에 배치되는 행위였다. 심하게 얘기하면 사상누각의 초강경 초토화 공세라고 볼 수 있었다. 그렇기 때문에 박종철 고문 사망 앞에서 맥없이 무너지는 일이 생긴 것이다.

그뿐 아니라 전두환이 그렇게 강포強暴하게 폭력을 휘둘러 죽이려 했던 민주화 운동 세력이 다시 힘을 얻었고 전열을 새롭게 가다듬어 전두환 권력에 도전했다. 전두환의 표현을 빌리면 1986년 봄에 수세에 몰렸다가 5·3 이후 공세로, 그것도 대대적인 공세로 나갔는데 1987년 1월에 박종철 고문 사망이 발생하면서 전두환은 이제 전면적인 수세에 몰렸다. 이러한 새로운 변화는 1987년이 '대통령 선거의 해'라는 점과 맞물려 있었다. 전두환·신군부 헌법에 의해서건 민의에 기반을 둔 새 헌법에 의해서건 1987년에 대통령 선거는 반드시 치르게 돼 있었다. '대통령 선거의 해'에 폭압, 폭력의 물리력 행사는 한계가 있었다. 1987년을 연 1월의 박종철 고문 사망 이후 전두환은 다시는 공세를 취할 수 없었다. 그것은 돌이킬 수 없는 수세였다.

나가는 말

《서중석의 현대사 이야기》 시리즈를 다시 독자 여러분 앞에 내놓습니다. 이번에 내놓는 18~20권의 핵심 사안은 6월항쟁입니다. '서중석의 현대사 이야기' 연재 가운데 2016년 12월부터 2017년 4월까지 '6월항쟁'이라는 주제로 프레시안에 실린 것들 중 일부의 내용을 더 충실히 하고 새롭게 구성한 결과물입니다.

18~20권을 끝으로 이 시리즈 출간은 막을 내립니다. 시리즈의 출발점인 '서중석의 현대사 이야기' 연재 첫 번째 기사를 내보낸 2013년 8월 이후 6년 3개월 만입니다. 박근혜 정권이 출범한 그해 여름 첫걸음을 내디뎠는데, 어느새 2010년대의 끝자락을 마주하게 됐습니다.

그 사이에 많은 일이 있었습니다. 촛불 항쟁, 탄핵 등 굵직한 정치적 사건도 여럿 발생했습니다. 많은 이들에게 한국 현대사를 돌아보게 하고 역사의 무게를 다시 생각하게 하는 시간이었습니다. 그 시간 동안, 그러한 분들과 함께한다는 마음으로 이 시리즈를 진행했습니다. 그간 이 시리즈와 함께해주신 독자 여러분께 감사 인사를 올립니다.

2019년 12월
김덕련

서중석의 현대사 이야기 ⑱

초판 1쇄 펴낸날 2020년 1월 1일

지은이   서중석 김덕련
펴낸이   박재영
편집   이정신 임세현
마케팅   김민수
디자인   당나귀점프
제작   제이오

펴낸곳   도서출판 오월의봄
주소   경기도 파주시 회동길 363-15 201호
등록   제406-2010-000111호
전화   070-7704-2131
팩스   0505-300-0518

이메일   maybook05@naver.com
트위터   @oohbom
블로그   blog.naver.com/maybook05
페이스북   facebook.com/maybook05
인스타그램   instagram.com/maybooks_05

ISBN   979-11-90422-07-9 04900
             978-89-97889-56-3 (세트)

이 도서의 국립중앙도서관 출판시도서목록(CIP)은 e-CIP홈페이지(http://nl.go.kr/ecip)와
국가자료공동목록시스템(http://www.nl.go.kr/kolisnet)에서 이용하실 수 있습니다.
(CIP 제어번호 : CIP2019051376)

• 책값은 뒤표지에 있습니다. 잘못된 책은 바꾸어 드립니다.

이 책에 실린 사진은 저작권을 가지고 있는 분들과 기관의 허락을 받아 게재했습니다.
저작권자를 찾지 못하여 게재 허가를 받지 못한 일부 사진은 저작권자가 확인되는 대로
게재 허락을 받고 통산 기준에 따라 사용료를 지불하겠습니다.